婦產科醫師 王呈瑋｜泌尿科醫師 顧

漫畫圖解 50個不怕錯的性教育必修題

婦產科 ╳ 泌尿科醫師聯手，
陪你一起安心解答青春期的性疑問

目錄

好評推薦

「本書的性教育內容豐富，涵蓋性教育全面式的核心議題，補足了現行校園性教育較為缺乏的部分。適合各年齡層閱讀，有助於建立健康與尊重的性知識及觀念，是值得推薦的性教育讀物。」

—— **紀孟均** 大觀國小教師、教育部國民教育中央輔導團性別平等教育分團輔導員

「性，是身體的一部分，是情感的一部分，更是生活的一部分，什麼時候和孩子談性，都不嫌早。如果你是被孩子問到性，就臉紅害羞到想逃跑的家長，相信我，這本書會幫你一個大忙！」

—— **美樂妮** Podcast 節目「失婚婦女 Chill High High」主持人

「根據衛福部統計，青少年性病案例急遽上升，傳遞給青少年正確的性健康教育知識，是急迫且重要的。而家長、老師也需要好的教材，深入淺出談性知識，共同陪伴孩子探索，打造更加尊重包容且安全的未來。」

—— **陳菁徽** 立法委員、不孕症醫師

推薦序

家長必讀的性教育知識指南

—— **瑪那熊** 諮商心理師、關係經營講師

聽到「健康教育 14、15 章」這個詞，回憶是否湧上來呢？

如果跟我年紀差不多，大概經歷過國中快教到這兩章時，「同學們格外熱絡，但老師可能冷淡帶過」的有趣情境。

當年我就讀的國中是男女分班，而班上男生們莫不期待傳說中，講述男女生理構造、生殖器官的「健康教育 14、15 章」。在幾週前，同學們就開始鼓譟「欸，快要教到『那一章』了耶」、「終於輪到我們班了」。

正式上課那天，不得了，原本總是趴著打瞌睡的阿明，像是提前補足睡眠，精神抖擻、坐得直挺挺。平常喜歡轉頭聊天、互傳紙條的阿偉與杰哥，竟然目光炯炯有神、各色原子筆一字排開，準備認真做筆記。

等到老師進教室，「同學們，請打開課本 14 章」。

此話一出，幾個男同學藏不住笑意，這情境像是好萊塢大片首映現場，眾人等候多時終於要一探究竟。哪知，老師平穩認真的唸過課本的一字一句，平淡的結束了這兩章。下課時，我身旁的同學說了句「蛤？這就樣而已喔？」

那情形就像大家期待的是 101 跨年煙火（雖然當時還沒蓋好

啦），結果看到的是幾支沖天炮，啪的一聲就沒了。後來跟朋友聊起「14、15 章」這段共同回憶，才知道我們班那位老師已經滿負責了，有些可是簡單摘要、快速帶過，甚至還叫學生「自己看」。

時光流逝，「性教育」如今已愈來愈被重視，並納入十二年國教課綱中，內容也朝多元化發展，幫助兒童與青少年認識身體、了解親密關係與性。但隨著網路盛行、社群與短影音爆發，這個時代的孩子愈來愈早、且容易接觸到各種與性相關的資訊及內容。因此，**與其單純仰賴學校教導，我更鼓勵由家庭先行啟動，畢竟孩子最親近的啟蒙老師，其實就是父母啊**。這能讓孩子在身體發育、變化的過程中，更早也更自然的接受性教育。

或許有些家長會顧慮，「孩子學這些東西，會不會亂來？」正如同我在帶「如何脫單」的相關演講時，也曾遇過家長憂心忡忡：「老師，孩子接觸這些，會不會更想交男女朋友？」

對自己與別人身體產生好奇、想了解或接觸性，就如同對愛情的渴望與嚮往，是孩子成長過程中，自然而然會出現的事。**與其聽同儕或網友以訛傳訛、看網路上似是而非的「教學」，或甚至被一些惡意內容誤導，我們不如用開放、正向的心態，幫助孩子學習正確、健康的性知識，反而更能讓他們保護自己。**

然而這些性教育知識，我們未必熟悉（畢竟當年也就 14、15 章略談一些），需要先花點時間學習、做功課，才能在適切時機教導孩子。來自父母的性教育，不需像是學校上課那麼正式嚴肅，而是在生活中自然呈現。例如看到影視作品的某些片段、孩子發現自己身體變化進行詢問、看到網路或新聞熱門事件等，都可能是性教育的機會。

這本《【漫畫圖解】50 個不怕錯的性教育必修題》，真心覺得是父母們的好戰友。除了有趣的漫畫圖解，內容亦是由婦產科與泌尿科醫師聯手撰寫，結合專業知識與臨床案例，幫助家長們建構正確性知識。

除了認識身體、建立安全的性行為及身體界線觀念，也針對青春期的男生、女生不同狀況一一解析，是本兼具廣度與深度的工具書。若孩子已經國小高年級，也很適合親子共讀、一起討論，並聽聽孩子目前對性的了解、想像，還能幫他過濾錯誤的資訊與假知識喔！推薦本書給各位辛苦的家長！

作者序

讓性成為理解，而不是禁忌

—— **王呈瑋** 婦產科醫師

在這個性別多元的時代，及早開始性教育變得愈來愈重要。性，在過去是一個禁忌話題，但是往往因為是禁忌不談，反而產生許多誤解跟歧視。性方面的話題是一個愛、尊重與理解的領域，是我們每一個人都應該要學習與探索的旅程。

我是一位婦產科醫師，在臨床上，接觸到許多患者對於性相關的疾病大多疏於了解，或是難以啟齒，我們希望透過這本書，用漫畫圖解及簡要的概念說明，讓各個年齡層的你，都可以對自己，有更進一步的了解。

對於該怎麼正確的教導孩子有正確的性觀念，一直是重要但困難的課題，由於家長其實不知道該怎麼教！我認為原因，是來自於家長本身自小也沒有被指導過，想當然爾，亦不會知道該如何傳授給小孩正確的觀念，又或者，乾脆選擇避而不談，粉飾性話題又或者轉移，慢慢的就變成家裡的禁忌。

其實，除了學校的性教育課程，父母應是最適合作為自己孩子的性教育導師。這本書的目標，除了是給步入青少年的孩子閱讀之外，我更鼓勵家長們能夠一起和孩子討論書裡的內容，讓孩子了解自己的身體，並能體察自己的賀爾蒙與情緒變化，並進一步分享彼此對於性議題的看法。

性教育是預防傷害的起點，不只是事後補救

在 #MeToo 運動席捲全球之後，性教育的必要性與緊迫性更加被突顯出來。這場運動揭露了無數隱而未宣的性騷擾與性暴力經驗，讓社會集體看見：當個體對自身身體的界線不夠清楚，對「同意」的概念模糊不清，當對性、權力與關係的認知匱乏時，極容易在日常中落入受害或加害的情境而不自知。這正是我們迫切需要更早開始、更全面實施性教育的原因。

本書的出版，正是希望從基礎開始，補上這塊長期缺席的教育拼圖。透過簡明易懂的圖文內容，不只是為孩子鋪設性知識的起點，也為家長建立起面對性議題的語言與理解框架。**唯有讓每個人都能認識自己的身體、理解情緒與欲望、辨識界線與權力關係，我們才可能建立一個以尊重與理解為基礎的社會文化，讓 #Me Too 不再只是事後的控訴，而是從一開始就被預防與避免的悲劇。**

認識身體，才能理解情緒

女性的生殖構造與心理變化在青春期相較於男性有很大的不同。在青春期時期，除了荷爾蒙會讓身體產生顯著的變化，荷爾蒙也會影響大腦的認知發展；女生的情緒起伏多半亦來自於每個月荷爾蒙濃度高低的變化。此外，大腦對於外表性向的感知，會被雌激素掌控，變得在意外貌，變得需要同儕認同，所以，女生要能夠認識並了解生理週期，才能理解當下的心情，男性也需要了解，進而

同理女性的生理週期帶來的情緒變化：「你看到的不是她，而是她的荷爾蒙變化～」這樣才能有良好、健康的兩性關係與親子互動。

本書內容包含女性的身體變化、賀爾蒙變化、女性結構發育、心理的變化、性知識，以及多元性別認同等議題，期盼能夠給成長中的你，以及已經是家長的你，能對自己和自己的孩子，有更多的認識。性，是一個健康的議題，是生物演化發展的一部分，讓我們一起來探索吧！

作者序

我們對自己的身體，可以懂得更多

—— **顧芳瑜** 泌尿科醫師

在我繁忙的診療工作中，有一個小故事令人難忘。那是一個平常的早晨，一位爸爸帶著他的國中兒子來到我的診間。小朋友似乎有些害羞，結結巴巴的講出他的不適。從交談的過程中，也能同時感覺到爸爸的緊張情緒。他們的主訴是：孩子在學校和同學討論陰莖的長短時，感到自己似乎比別人小很多，這讓他不禁懷疑自己是否有發育問題。由於爸爸對這方面了解不多，也擔心是不是有生長發育的問題，沒有提早發現，因此選擇帶孩子來尋求專業意見。

在詳細詢問病史並進行檢查後，我發現孩子的陰莖長度其實是正常的。問題的根源在於孩子的體型偏胖，這使得陰莖的外觀看起來不如同齡人那麼明顯。這樣的發現讓爸爸鬆了口氣，但同時也引發了我對性健康知識普及的深刻反思。

這些看似小小的疑惑，其實反映出社會普遍對性與身體的陌生與誤解。尤其**在 #MeToo 運動之後，性教育的重要性已不再只是預防懷孕或性病而已，更關乎每個人是否有能力認識身體、理解界線與「同意」的概念。**如果我們從小沒有被教導如何看待自己的性與欲望，長大後自然無法辨別什麼是健康的關係，也容易落入權力不對等的情境中——無論是被迫沉默，或是無意中越界。

填補性健康教育的空白

身為一名泌尿科醫師，我經常遇到類似的情況，病患對於性健康充滿了疑惑，無論是性生活的困擾，還是對性器官護理的問題，很多人在這方面的知識仍顯得不足和模糊。即便有些病患已為人父母，他們對於男性的生長發育及性健康，也存在不少誤解。這些問題的根本原因之一，是台灣的健康教育在這方面長期未受到足夠重視。許多人在離開學校後，缺乏正確的性健康知識來源，往往被網路上的錯誤資訊或道聽塗說的謠言所誤導。

基於這樣的背景，我萌生了撰寫這本書的想法。這本書的目的，是希望能夠填補現有健康教育中的空白，為成年人和青少年提供一個可靠的知識來源。我希望透過這本書，讓讀者能夠獲得正確的性健康知識，從而更好的理解和照顧自己的身體，也能在複雜的情感關係與性互動中，建立明確的界線與尊重的原則。

對於成年人，我希望這本書能幫助你們解答性健康方面的疑惑，提供實用的建議來改善性生活的質量。對於青少年，我期望你們能在性知識的萌芽階段，從這本書中獲得科學、正確的資訊，學會如何正確的照顧自己，建立健康的性觀念。

這本書不僅僅是一本關於性教育的指南，它更是我對於提升公眾健康意識的一份承諾。希望每一位讀者都能夠從中受益，建立正確的性健康觀念，讓這些知識成為你們生活中不可或缺的一部分。也讓 #Me Too 不再只是悲劇發生後的集體覺醒，而是從日常教育中就能防範的根本改變。

第一章

認識我們的身體

Q1

該從幾歲開始講性教育？

許多看似離譜的就診案例，其實反映了性教育的長期缺席。從認識身體出發，了解正確、易懂的性健康知識，讓我們一起打破誤解，重建理解與尊重。

王醫師在臨床上曾經遇到有年輕女生因為陰道感染來看診，在拿到陰道塞劑的處方箋時，患者雖然有過性經驗，卻說她不知道自己的陰道在哪裡，不知道怎麼自己將塞劑放進去陰道裡，只好請護理師親自告訴患者陰道的生理位置，以教導她如何正確操作。

另有已經三十多歲的男生，一直不知道自己有包皮過長的問題，而有遮住龜頭的「包莖」情況，而包莖如果沒有好好清潔，就會有殘存尿液在上面，變成「陳年老垢」，容易造成陰莖或龜頭感染發炎，就會來找泌尿科醫師報到了。

甚至，王醫師門診上也會有「不孕夫妻」來求診，一問之下，才知道先生根本沒找對太太的陰道，做白工，難怪無法受孕，夫妻倆還誤以為是其他因素導致不孕。

以上都是臨床上實際遇到的真實案例，**許多人即便已經成年了，可能還不是很清楚自己的身體構造，遑論是仍在懵懂階段的青**

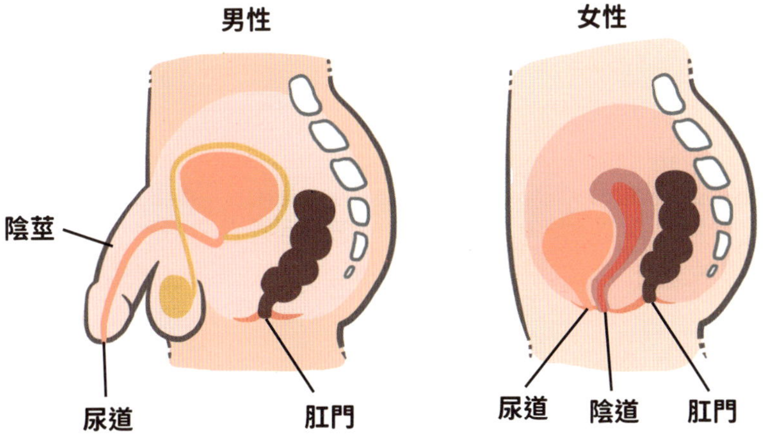

男女性生殖器

少年。例如，有小男生因為早上起床發現內褲上有分泌物，上網去查以為是淋病，來診所就診，才知道原來只是夢遺而已。

這也是為什麼要推廣從小開始認識自己的身體構造，包括性器官，因為唯有如此，才能正確的保護及保養自己的身體健康。

為什麼長大後還是不懂性？

在王醫師自己還在當學生的年代，學校「健康教育」的教材篇幅較少，而家長也沒有特別教導孩子，因此可能真的會讓很多人在長大後仍一知半解。然而，現在教材已經進入多元開放的年代，我也很納悶，為何診間還是有不認識自己身體狀況的案例發生？

從一份針對台灣的國中小學生，有關性教育的研究調查或許可以找出答案。2023年，性別平等教育協會與勵馨基金會的調查指出，台灣國小性教育面臨三大問題，包含課綱與教科書和全面性教育指引出現脫節，核心概念如「性與性行為」與「性與生殖健康」出現頻率極低，內容也未能體現全面性教育精神；教師面臨家長壓力與個人不安，近六成教師擔心遭投訴，部分甚至選擇不教，並普遍認為教材不足、授課時間有限；教師專業支持薄弱，逾六成師培時未受性教育訓練，進修機會也有限，顯示結構化的資源與培力嚴重不足。

沒有正確的性教育與性知識，就會衍生許多的社會問題，像是最常見的誤解是：以為男生進行不戴套性行為中也無所謂，女生在事後去跳繩，就可以把精液跳出來或流出來，又或者誤以為生理期結束就是「安全期」，以及口交或肛交不會得到性傳染病等謬誤的性觀念。

父母才是孩子認識身體的第一位老師

在心理方面，從兒童走向青春期的這段期間，認識自己的身體也是建立自我認同及自我意識的重要一環，此時不僅要學習如何自我照顧，也需要正視這一個形成獨立個體的重要過程。

認識自己的身體可以分幾個階段，一開始可以從幼兒園大班開始，簡單的教導性器官的各種功能；到國小開始進入青春期之後，就要進一步教導這些性器官發育的過程，以及帶來的生理意義等。

許多父母將這些性教育啟蒙的任務，交給幼兒園或國中小的師長，但這樣的做法並不恰當。師長面對許多學生，未必可以一一針對個別狀況予以教導，因此，**不管在性教育的啟蒙上，父母扮演很重要的引導角色**。

從家庭開始，父母是孩子最早、也最長期的陪伴者與榜樣。在孩子探索身體與情感發展的過程中，唯有父母主動參與、持續對話，才能真正協助孩子建立正確的身體意識與性觀念，為未來的自我認同與人際關係打下穩固基礎。

Q2

我們是怎麼來的？

小孩問「我是從哪裡來的？」別再說是垃圾桶撿來的了。性教育不是等長大才教，而是從生活中的每一次提問開始。父母，是孩子最初的答案來源。

相信很多五、六年級世代，甚至有些七年級世代的人，在小時候常會聽到爸媽說：「你是從石頭蹦出來的！」再不然，就是媽媽摸摸自己的肚子說：「你是從媽媽的肚子裡生出來的。」

有的家長可能會半開玩笑說：「你是從路邊的垃圾桶撿回來的。」哎呀，千萬不要再說小孩子是從路邊撿回來的了！在小孩的世界裡，爸媽就是他們的天與地，其實不經意的一句玩笑話，他們都會默默記在心底。在以前那個沒有社群媒體、YouTube 也不流行的年代，可能一時騙得了，但是現在這個年代，可不一樣了。說不定，小孩比爸媽還更會上網找資料，來解答自己心中的疑問。

但令人擔憂的是現在上網隨便一查，海量資訊鋪天蓋地而來，但也因此，很多答案似是而非，尤其是有關於性教育。**與其讓不明的資訊誤導小孩，為人父母者，不如好好跟子女聊一聊有關「你是怎麼生出來的？」**

同睡一張床，就會有小孩？

一位三十多歲的女性，回憶起她在國小四年級時，在課堂上聽到幾位同學在竊竊私語，隱隱約約聽到「做愛」這兩個字，大家就哄堂大笑。她也很好奇，回家就問媽媽什麼是「做愛」？

好在，她的媽媽，並沒有像以前傳統的父母隨便唬弄過去。

到現在，她仍印象深刻，她說她的媽媽很認真的告訴她：「因為爸爸媽媽很相愛，所以會做愛，做愛後就會生出小寶寶。」

這個答案讓年紀尚小的她感到吃驚，因為在她似懂非懂的認知裡，原本以為只要男生與女生睡在同一張床上，不用做任何事，就會有小孩生出來。

從這個事件告訴很多爸爸媽媽，**其實國小學童對性知識一知半解，如果沒有灌輸正確的知識，可能就會自己胡思亂想，或上網找答案，但網路上的資訊未必是正確的性知識**。

從日常生活裡，讓孩子了解自己是怎麼來的

王醫師認為，最好的方式是主動告訴小孩，他們怎麼來的？以前我媽媽跟我說，我是從石頭蹦出來的，我當時是相當懷疑，但也不知道該怎麼問下去？後來上學後才知道是怎麼一回事。好在我小時候很喜歡去科學博物館，一度想要當博物館館員，雖然後來當不成館員，但很多的科學與知識都是來自當初的培養。

因此，等到王醫師自己當爸爸後，我便很認真的告訴小孩，他們是怎麼生出來的？

其實，爸媽主動開口並不難，在生活中有很多的情境，可以作為機會教育。例如，我們常帶小孩去科學博物館看恐龍，其實小孩一開始有點抗拒，因為他們覺得看恐龍不好玩，而且看到比他們高大很多的暴龍也會害怕。

我就用說故事的方式，吸引他們。

比如說，暴龍很愛亂跑亂叫，大家都覺得很吵，於是大家想到

一個辦法，在博物館內的地板上塗上膠水，恐龍走到室內被膠水黏住了，就不叫了，也跑不掉了。

自己改編的故事讓小朋友覺得有趣，以後再也不抗拒去博物館看恐龍。於是看到恐龍蛋的時候，我們就會趁機告訴小孩，小恐龍是怎麼從恐龍蛋生出來，這也是為人父母的成就感！

如果沒有帶去博物館或動物園的場景，也可以在家裡觀賞動物影片，像是看到小狗在生產時，也可以跟小孩說，小狗狗怎麼生出來的？再不然，家裡冰箱通常有雞蛋，也可以藉此讓小孩知道雞媽媽生下了雞蛋，小雞是從雞蛋破殼而出，雞蛋裡有卵黃，小寶寶在媽媽懷孕的身體裡時，也是有卵黃囊的。

孩子真的聽得懂，只要你願意說

女兒兩歲的時候就問我，她是從哪裡跑出來的？我是這樣跟她說的：「因為爸爸的精子跟媽媽的卵子結合後，變成一個小小的妳，因為妳還很小，要先住在媽媽的肚子裡的一個小家家，住了九個月，妳已經慢慢長大，就可以從媽媽的肚子出來，跟大家打招呼了。」

不要以為小孩還小聽不懂，其實他們都聽得懂。

小孩子很聰明，跟他們解釋自己是怎麼生出來之後，他們在外面看到大腹便便的孕婦時，也會跟爸媽說：「**肚子裡面有住一個小孩子，」所以，我太太之前在懷第二胎的時候，我也會跟女兒機會教育說：「弟弟現在住在媽媽的肚子裡哦！**」

小孩還小的時候，可以從生理面談起，但等孩子再大一點，至少是國小中高年級，已經開始要進入青春期，就可以從情感面談起，要跟孩子說，和自己喜歡的人才能結合，或說發生性行為。

有些人會說：「王醫師，你是婦產科的專業醫師，所以你會知道怎麼教小朋友性教育與性知識！」「健康教育在學校也有老師會教啊！」

正因為學校老師與醫師無法時時刻刻陪在孩子身邊，孩子真正接觸世界的第一扇門，往往就是家。家庭是孩子最早學會「我是誰、我從哪裡來、我的身體屬於我」的地方。**這些問題的答案，不該只來自課本或網路，而應該來自每天最信任、最親近的大人——也就是父母**。

所以，當孩子提出關於身體、關於愛、關於性與生命的疑問時，家長不必慌張，也不用推給別人。可以坦然說明孩子想知道的內容，依照年齡與成熟度，從「身體的構造」到「關係的選擇」逐步帶領。這不只是教育，更是一種陪伴。

別忘了，孩子會從家長的語氣、反應與態度中，學會自己該如何看待性與身體。若我們用開放、尊重與平等的方式對待這些話題，孩子未來也更有可能用健康的方式，理解自己、尊重他人。

Q3 除了尿尿的地方，男生的性器官還有哪些？

知道男生的生殖器官不只是「尿尿的地方」嗎？從包皮清潔、睪丸發育到自我保護觀念，爸媽在幫小男孩洗澡的日常中，其實藏著最關鍵的性教育起點。

陰莖勃起與是否性成熟或性刺激沒有關係，只要血液流進陰莖內就會勃起，像有些小男生在媽媽的肚子裡時，陰莖也會勃起。所以媽媽們不要緊張，讓它自然消退即可。

由於生理構造因素，男生的主要生殖器是外露，像是陰莖及陰囊（內有睪丸），也常看見有些小男生可能是無意識的抓抓自己的外生殖器，其實並沒有特殊原因。

在臨床上，醫師曾遇到媽媽帶著大約 7、8 歲的小男生來看診，因為媽媽可能不知道怎麼幫兒子清潔陰莖，而爸爸工作太忙，也沒有時間教他，以致於小男孩的包皮沾黏。在看診時，我就直接現場教導小男生，如何將包皮往後推，露出龜頭，並用清水來清潔。

要提醒家長，其實在家也可以這樣引導：替小男孩洗澡的時候，教導小孩陰莖的功用——是可以尿尿的地方，也需要引導他們，認識包皮，以及如何正確清潔，這樣比較不會導致細菌感染，影響到身體健康。

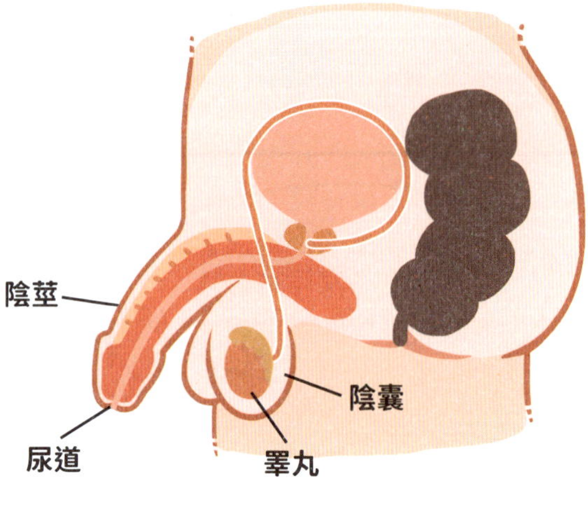

男性主要外顯的生殖器

尿尿從下面噴出來？可能是尿道下裂

除了基本的清潔，家長也可以在幫小男生洗澡時，幫忙檢查尿道口，是否有尿道下裂的問題。

尿道是在陰莖的正前方，如果尿道下裂，尿尿會從下面噴出來；如尿道下裂合併陰莖彎曲，尿道口是半開放，對於生殖功能與排尿功能是不會有特別影響，只是在青春期階段，可能會被同儕取笑，此時如有需要則可以用外科手術重建。

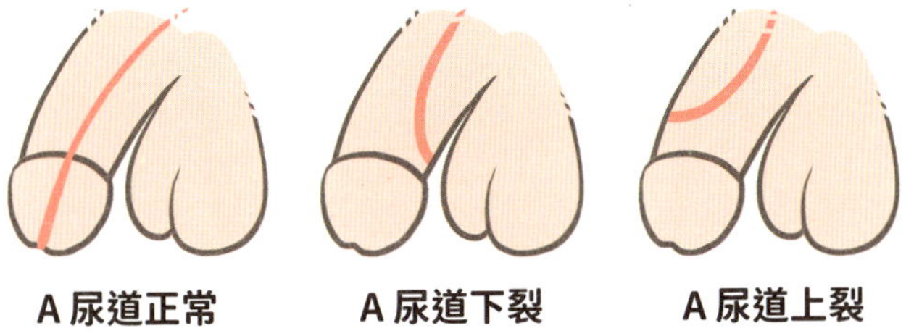

正常尿道 VS 不正常尿道

男孩常見的隱睪症

還有一個小男生常見的症狀，也可以透過幫孩子洗澡時發現。洗澡時所使用的溫熱水，因為溫度的關係，會讓陰囊皮變得比較鬆弛，此時可以輕摸一下，陰囊內的睪丸大小應該像一顆花生米大小，藉由洗澡時，可以初步確認是否有隱睪症。

隱睪症是指睪丸沒有正常的位於陰囊內，此病症一般認為與染色體異常、遺傳、荷爾蒙有關，可能會有不孕或睪丸癌的風險，因此最好早期發現、早期治療。黃金治療期是在一歲半或三歲以前，超過黃金治療期也可以做，但睪丸癌的風險不會降低。

一般小學入學會有例行的健康檢查，但由於人數很多，醫師在檢查男童的外生殖器時，不一定會摸得到睪丸；有時候小朋友緊張害怕，睪丸會縮起來，所以家長平時在家，小孩心情處於輕鬆狀態時，幫小孩做檢查會比較準確。

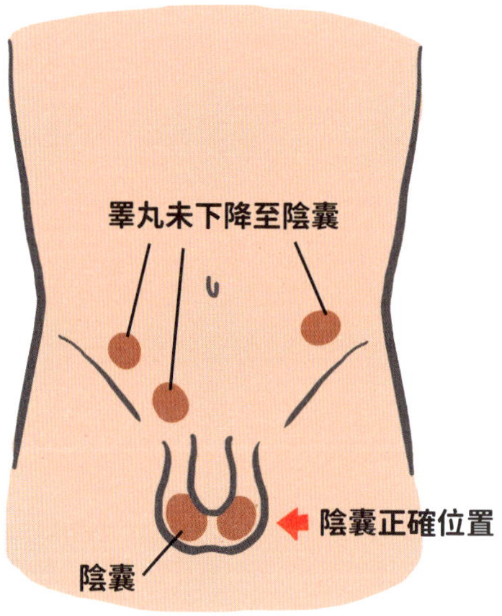

隱睪症是指睪丸沒有正常下降至陰囊內

一邊蛋蛋比較大？可能是陰囊水腫

陰囊，是男生重要生殖器官之一，俗稱「蛋袋」，裡面有睪丸，俗稱「蛋蛋」。

有的家長比較細心一點，在孩子還很小的時候，幫忙洗澡的時候，就會發現兩邊的蛋蛋可能大小不一。有人天生蛋蛋的大小不一定相同，但差異都不會太明顯，而如果有陰囊水腫的問題，就會是一邊的蛋蛋明顯比較大。

如果有疑慮，不知道該如何判斷，這方面最好是直接求助專科醫師。

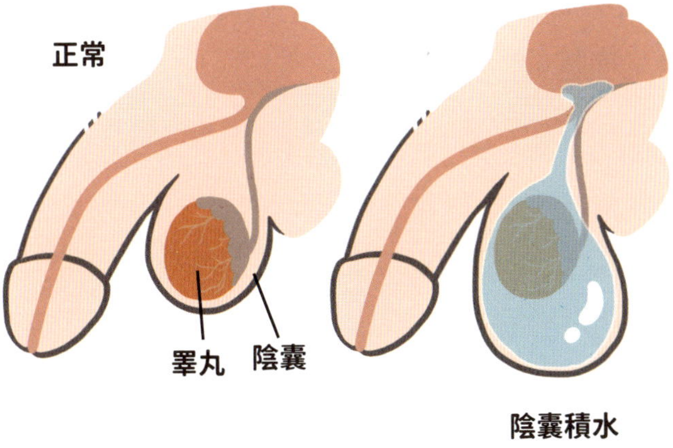

正常陰囊 VS 陰囊水腫

腹股溝疝氣

疝氣是一種很常見的疾病，男女生都會發現，主要的症狀是在腹股溝有一個膨出的腫塊，分為先天性和後天。

正常的情況下，小男生的蛋蛋原本在腹腔內，但在出生之前，就會慢慢地下降到陰囊，如果腹股溝內的通道沒有完全閉合，就容易誘發疝氣，通常比較容易發生在男生，男女發生的比例是 9：1。

先天性的疝氣是很容易被發現，因為家長在幫小孩洗澡時，就會發現腹股溝有一塊隆起處，可以找專科醫師開刀處理即可。

前述這些症狀，當孩子還小的時候，我們會邊他們洗澡邊發現這些身體的外顯器官是否有異常。父母在幫小男生洗澡時，**除了可以藉此檢查外生殖器是否異常，也可以初步告訴小男生這些生殖器的功用**；外生殖器是很重要的器官，不能隨便讓家人以外的人看到或碰觸，從小灌輸自我保護的觀念。

等到國小中年級的時候，家長可以引導孩子深入的認識自己的身體構造；如果爸媽完全都不講，等到第二性徵出現就已經來不及，會讓小孩沒有心理準備，對於自己的身體漸漸產生的變化，會有很多疑惑或不安。

像是告訴孩子陰莖除了尿尿功能外，還有性交的功能。至於陰囊，是製造精蟲的器官，也要同步告訴他們這些器官不能隨便讓人碰觸，即便是親密的親友或師長，才能自我保護身體。

Q4

陰道、尿道、肛門這麼近，怎麼分得清？

性教育不是等到青春期才開始，而是從生活中一點一滴建立。從認識身體、清潔保養，到面對月經與發育，父母的引導，是孩子建立健康性觀念最關鍵的起點。

男女生殖器官最大的不同，在於男生的生殖器外露，且較為明顯，女生的生殖器官則包括內生殖器與外生殖器，內生殖器包括卵巢、輸卵管、子宮與陰道等；外生殖器則包括陰阜、大小陰唇、處女膜等。

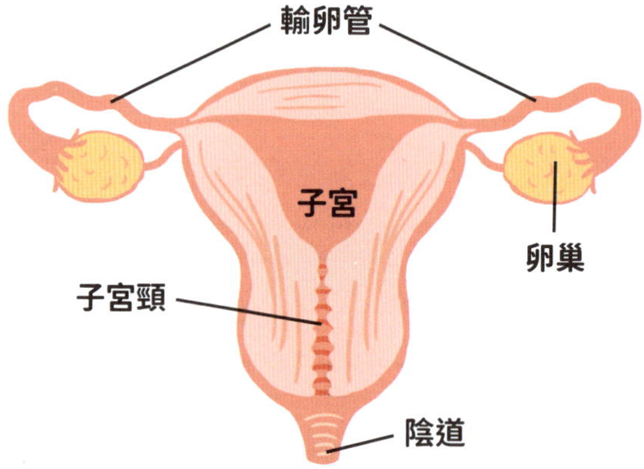

女生主要內生殖器

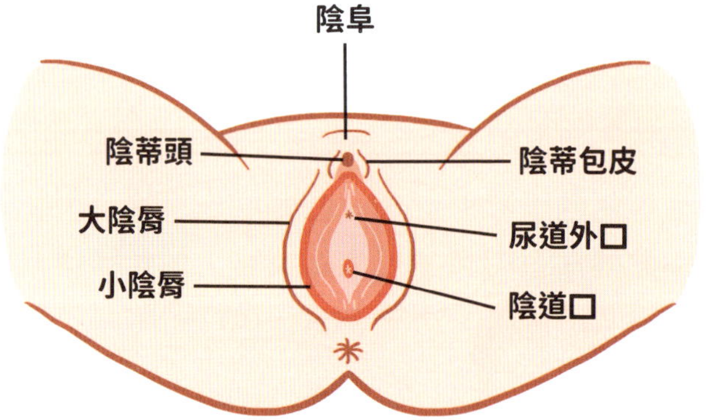

女生主要外生殖器

女性的陰阜是恥骨上方的脂肪組織，青春期後會長陰毛的地方，往下延伸就是大陰脣縱向縫隙，周圍有小陰脣、陰蒂、陰道口及尿道口等。

尿道口與陰道口位置相近，陰道口則是是靠近肛門口，肛門口如果沒有擦拭乾淨，很容易會引發細菌感染，所以上完廁所後，不管是大小便，在清潔上都要特別注意。

在幼兒園階段，家長就可以告訴小女孩，在小便後，用衛生紙輕輕擦拭尿尿的地方（尿道口）；私密處很脆弱，要小心擦拭，不然會受傷。

同時可以告訴小女孩，要穿內褲的原因，除了要阻隔汙染、保持清潔，因為也是私密的地方，不能被其他人看到或碰觸到。

等到進入小學階段，要再進一步教導認識性器官。

由於現在普遍發育較早，以往的女生可能在國小五、六年級才會出現第一次的生理期（也稱為初潮、初經）。現在初經年紀很早，可能是受環境荷爾蒙或西方飲食的影響；我曾經接觸過國小三年級就來月經的案例，發育明顯提早，讓家長非常驚訝。

所以，**家長在女生到了中年級的時候，可以為第一次月經來潮做準備，開始教導女童認識主要生殖器官**。像是卵巢具有製造卵子的功能，卵子沒有遇到精子後，子宮內膜開始剝落，伴隨血液從陰道排出來，就是經血，陰道口是外顯的性器官，也是私密處，所以要注意清潔與保養，也不能隨意被其他人看到或碰觸。

尿道保養則是要攝取足夠水分，保持尿液稀釋，減少尿道刺

激。上完廁所後，由前向後擦拭，避免細菌從肛門進入尿道，並保持乾燥。陰道有自潔的功能，以清水或中性的肥皂清潔即可。在月經期間選擇適合的衛生用品，並定時更換。避免過度緊身的衣物，讓陰部保持乾燥，減少溼疹或感染的機會。

至於肛門的清潔保養，可在每次排便後使用溫水或無酒精的溼紙巾擦拭，以保持肛門區域的清潔乾燥。

父母對子女的性教育啟蒙是很重要的，因為父母對小孩而言有親密感跟信任感，他們的角色無法被專業人士取代，從小簡單教導認識性器官，讓他們自然的接觸性知識，減少陌生與不安感。

如果是單親家庭，家長與小孩的性別可能不一樣，不管是單親爸爸或單親媽媽，也要對不同性別的子女有些性教育的常識，在子女青春期發育時，才不會顯得手足無措，例如，單親爸爸也可以幫女兒準備生理包，單親媽媽在幫兒子夢遺清洗內衣褲時，也可以輕鬆以對。

以自然與健康的方式，引導孩子認識自己的性器官，進入青春期或長大後也會自然而然與家長討論或請教，爸媽得以與孩子的談話中，了解他們遇到有關於性知識的問題。

Q5 身體界線該怎麼教？

幾年前，自歐美國家掀起的「#MeToo」運動，這幾年也逐漸延燒至台灣社會。不論是性騷擾還是性侵害，愈來愈多案件透過當事人勇敢在自媒體上揭露，迅速引發社會關注與討論。令人震驚的是，許多被指控的加害者竟是社會上具聲望、知名度甚高的人士，引發舉國譁然。

在這些受害者當中，有的甚至要追溯到十幾年前，其中不乏學生時代受到侵害，迫於加害者的權勢下，當時不敢聲張。所幸，在現在社會氛圍下，勇於發聲。

值得關注的是，這些加害人與受害人的關係不限於異性，也有彼此為同性；加害人也未必是男性，有的是女性為加害人，男性是受害者。

熟人關係才是高風險地帶

根據衛福部統計，國內性侵害案件中，被害人年齡未滿 18 歲者約占整體的 63%，其中每 100 位被害人中，就有 3 位是年僅 0 至 6 歲的幼兒。進一步分析 2011 年學齡前兒童的性侵害案件，超過九成的加害者與受害者彼此認識，當中又以「親屬關係」占比最高，達 65%，其次為「朋友關係」，約占 17%。這些數據凸顯出加害者多數藏身於熟識與信任的關係之中，令人警惕。

從這項統計數據來看，家庭成員與親近朋友之間的不當性對待，顯然已成為學齡前兒童性侵害防治的核心課題。這不僅顯示加害行為往往發生在熟悉且被信任的關係中，也凸顯出預防教育必須深入家庭與日常生活圈，才能真正發揮保護作用。

童言童語也可能藏著重要訊號

隨著社會的進步與開放，大多數父母都很有危機意識，對於自己小孩受到侵害都會挺身而出，這是一件好事。

王醫師曾在急診時，接獲家長匆匆趕來求診的案例。當時，這名家長神情焦急，懷中抱著年幼的女兒，表示孩子說「下面的地方」被幼兒園園長觸摸。家長擔心孩子遭受騷擾或侵害，連忙帶她前來醫院，希望能立即進行驗傷檢查。

經過錄影監視發現，園長只是在幫小朋友擦屁股，可能不小心碰觸到私處，讓小孩覺得不舒服，無意中告訴父母後，讓父母警鈴大作。

雖然孩子的表達常帶有童言童語，未必能明確描述整個情況，可能導致大人誤會，甚至演變成烏龍事件，但這並不表示孩子的話可以被輕忽。孩子的說詞仍應受到重視與審慎對待，因為那可能是他們求助或揭露異常狀況的唯一方式。

3 歲以上的小孩已經會講「不要」，在幼兒園時，小朋友如果被碰觸到，感到不喜歡或不舒服，**家長要鼓勵小孩說出自己的感受，此時，家長扮演很重要的角色**。

爸媽要跟小朋友說，有些部位是絕對不能被別人碰觸，像是胸部、陰部、臀部；其他部位在未經同意下也不能碰觸自己的身體。

同時，也要告訴小孩，因為自己不喜歡被別人觸碰，所以我們也不能隨便觸摸別人。碰觸別人的身體前要經過對方的同意，別人碰觸你沒經過自己的同意時，也要請小孩跟對方講，或者要告知家長，在未經自己的同意下，被他人碰觸。

相較之下，西方父母較尊重孩子的隱私與意願，而東方父母則常將孩子視為附屬品。許多父母雖教導孩子要拒絕陌生人的碰觸，卻在親友面前失去了原則——像是遇到長輩親友未經孩子同意就擁抱、親吻，孩子即使感到不舒服，也往往因為害羞或害怕而不敢表達。**久而久之，這會讓孩子混淆：到底哪些人可以碰觸我的身體？我真的有拒絕的權利嗎？**

其實，父母應該要捍衛小孩的權利，尊重小孩的意見。

有時候爸媽會覺得拒絕親友抱抱或親親自己的小孩會不好意思。試想，對小朋友來說，家長熟悉的親友，對小朋友而言是陌生人，就算是熟人也不能隨意觸摸，所以爸媽應該要勇於幫小孩拒絕未經同意就碰觸的肢體行為。

一開始的觸碰如果不加以制止，可能會造成更進一步的侵害。性侵害對兒童造成的不僅是生理上的哭鬧、尿床，以及心理上的憂鬱、愧疚感，更可能危及長期的身心健康與人格發展。

尤其，熟人性侵的比例高達九成，一直是防治隱憂，尤其是「親屬關係」性侵，更讓受害者很難有機會發聲。

為了防止有心人利用孩子年幼的脆弱性對其性侵害，衛生福利部呼籲，除了家長，全國幼兒園師長也要一起協助孩子建立「三個我認識」的安全防線，引導孩子掌握身體自主權，學習勇敢說「不」。

「三個我認識」的安全防線

1.「我認識身體紅綠燈！」

讓幼童認知身體紅燈區表示任何人都不能隨意觸碰，例如陰部、胸部及臀部，有些情況例外，大人幫小孩洗澡或醫生檢查身體；黃燈區為親近的人經過你的同意可以觸碰，例如腳；綠燈區則為普通朋友可以禮貌觸碰，例如手或頭。

2.「我認識別人的身體也有紅綠燈！」

提醒要尊重他人身體自主權，碰觸他人時，記得先問過別人，取得同意。

3.「我認識你！但我可以拒絕、逃跑、趕快求助。」

在孩子遭遇不當碰觸，讓自己感到不舒服時，應該要拒絕、逃跑，並向可以信任的大人，像是媽媽或老師求助！切勿因認識對方而不敢反應。

衛生福利部特別製作一部小黑啤的動畫影片，可掃描下方的 Qr Code 觀看，邀請家長與師長們，與孩子們透過卡通影片認識身體，並了解如何保護自己身體。

Q6

青春期什麼時候開始？

青春期是從兒童邁向成年關鍵的轉變期，不只身體發育、荷爾蒙變化，更影響心理與情緒。發育早或晚都可能帶來挑戰，家長需及早觀察、正確應對，協助孩子健康成長。

我好討厭夏天喔！
因為天氣太熱不舒服嗎？
OMG!!
好煩！想穿短褲好尷尬，雙腳毛茸茸的會被笑是毛怪。
代表你長大了，這是男性荷爾蒙影響第二性徵的表現。
可是我還是覺得好醜，很像是……未進化的史前人類。
不要排斥它嘛！說不定未來別人會覺得你這樣很性感呢！

青春期是兒童期到成年期的一個過渡時期，舉凡體格、性徵、心理等身心方面都會發生明顯變化，青春期是人體生長發育是繼嬰兒期後，出現的第二個高峰，而青春期的開始，主要是第二性徵慢慢出現。

青春期發育與腦部內分泌系統活化有關。在進入青春期時，大腦的下視丘會分泌荷爾蒙，包括有濾泡刺激素（FSH）* 和黃體刺激素（LH）+，接著刺激女孩的卵巢和男孩的睪丸，分別分泌雌激素

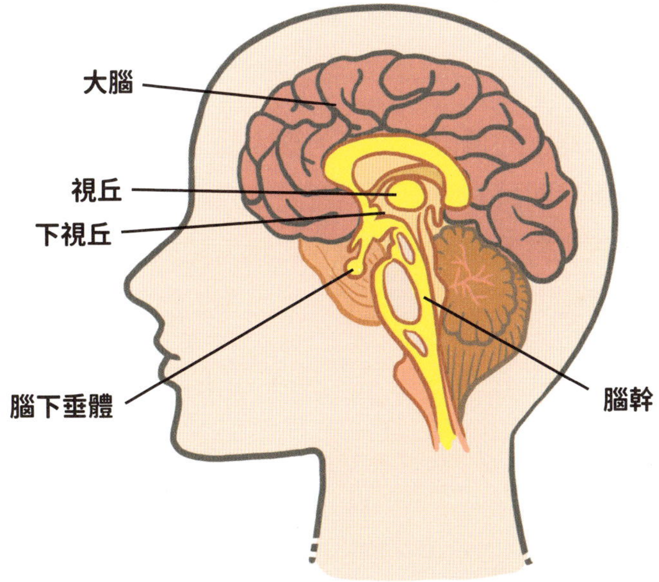

青春期的開關藏在大腦裡

* 濾泡刺激素（follicle-stimulating hormone, FSH）是一種由腦下垂體前葉合成並分泌的激素，屬於醣基化蛋白質激素，因最早發現其對女性卵泡成熟的刺激作用而得名。

\+ 黃體刺激素（Luteinizing hormone, LH），是一種在腦下垂體前葉合成的荷爾蒙。主要功能在刺激卵巢上的黃體產生黃體素。

和睪固酮，進而作用於身體的標的器官，產生第二性徵，並加速身高的生長及代謝速率。

第二性徵的出現主要是受到荷爾蒙的影響，男生的部分主要是受雄性荷爾蒙影響，女性主要是受女性荷爾蒙，前者反映在第二性徵，是出現喉結、陰毛、變聲；後者則是胸部開始發育（變大）及月經來潮。

此外，生長荷爾蒙也會在這個期間分泌，讓骨骼發育，身高開始變高、肌肉量增加；另外一個影響因子就是催產素（Oxytocin），這是男女皆有，催產素在青春期促進大腦神經發育。

前述這些一連串的荷爾蒙分泌，讓大腦的前額葉與杏仁核的神經也比較活躍，前額葉掌管思考與意識，杏仁核是管理情緒，這也會讓青春期的孩子對情感、感知跟人際關係變得敏銳，自我意識變得強烈。

除了身體的第二性徵的發育，孩子在這段期間，大腦區域活躍，思考也會變得比以前不一樣。

第二性徵的發育時程

每個人進入青春期的年齡都不盡相同，有些女生可以早在 8、9 歲就開始出現第二性徵，也有晚到 13、14 歲才進入青春期。男生早的在 10、11 歲開始，晚到 14、15 歲，甚至更遲才進入青春期。

一般來說，女生 8 歲後就有胸部發育，接著陰毛及最後是月經

來潮，青春期大約至 14 歲結束；男生則在 9 歲後，以睪丸發育開始，接著陰莖變長、變聲、長陰毛等，青春期結束約 17 歲左右。

不過，青春期有普遍提早的現象，以往多是在國小高年級開始才會開始長陰毛，像顧醫師在臨床上看過小男生 10 歲就開始長陰毛，相當於小學三、四年級左右，就開始出現第二性徵。

如果是受環境荷爾蒙影響，臨床上有遇過男生性徵比較晚開始，到了 13、14 歲，外型較胖，乳房比較大一點，但陰莖較小，家長就會帶來看診，因為擔心是不是有性晚熟的現象。

我們會先檢查確認基因是否有問題，**如果是染色體變異，無法分泌荷爾蒙的話，會以補充荷爾蒙的方式，刺激其性成熟。**

但通常來說，身材較圓潤的男生，家長擔心陰莖較小，以為是發育的問題，其實多數是因為腹部脂肪太多，讓陰莖在視覺看起來比較小而已，因為染色體變異而發育不全的案例，臨床上較少見。

性早熟可能提早面對尷尬與挑戰

女生青春期的順序，一開始是胸部會發育，乳暈變深，長陰毛、腋毛，最後才是月經。一般來說，女生在 10 至 14 歲為發育期，家長要開始注意女孩的第二性徵發育。很多家長會在意女生「性早熟」，像是看到小女孩在小學三、四年級，胸部開始發育，就會很緊張的帶來門診，一方面是怕性早熟會導致小孩長不高；也會怕小孩在學校因為胸部發育，被其他同學指指點點。

家長如果看到女孩的胸部發育較早，可以先帶孩子去看兒童成長科，再來婦產科，檢查子宮與卵巢發育是否有問題。

如果是有性早熟傾向的孩子們，往往會被臨床小兒科醫師建議，少吃油炸、甜食、高脂高熱量食物，特別是可能含動物荷爾蒙的雞屁股、動物睪丸，以及豐胸、調經、轉骨的補品。目前研究認為，女孩的性早熟，可能增加女性癌症，特別是乳腺癌的機率。

此外，性早熟，也會讓孩子們的兒童時代結束，提早進入青春的狂暴期，這些性早熟的女孩們，會比同學更早體會變成一個女人的尷尬，以及勢必提早面臨女性生理期帶來的種種不便。

另一個可能影響終生的改變，是當青春期提早來臨的同時，會促使骨頭兩端的生長板，提早癒合，讓未來的身高受限，而沒辦法長得像父母輩那麼高。

性晚熟的警訊

有些人在青春期第二性徵比較不明顯，有可能是「性晚熟」。像是有位女高中生，一直都沒出現跟其他女生青春期的明顯變化，包括乳房沒有明顯變大、生殖器官也沒有發育跡象，月經遲遲沒有來報到。

在透過身體檢查和一系列的檢測，包括血液檢查測量荷爾蒙，確定她患有女性性晚熟，這表示她的性器官和其他性徵的發育開始相對較晚，遠遠晚於同齡女性的正常青春期。

女性性晚熟的原因有很多，包括遺傳因素，像是家族中可能存在性晚熟的遺傳趨勢，使女性的性發育開始較晚，或者是因為營養不足或低體重，也可能會對性徵發育造成影響，導致性晚熟。

另外，某些慢性疾病或處方藥物可能會延遲性發育。

針對性晚熟，是否需要介入治療？**大多數女性性晚熟不需要特別的治療，因為它通常是自然發展的一部分。**如果性晚熟是由於基礎疾病或其他問題引起的，醫生才會針對潛在原因進行治療。

因此，家長在孩子處於青春期階段，都要觀察他們第二性徵的發育，如果發覺異常，建議最好及早就醫，確認是否與荷爾蒙有關，早期發現可以早期治療，以免錯過治療的黃金時機。

有可能沒有青春期嗎？

如果是一直都沒有第二性徵，一般建議是先到兒童成長科，男生則也可以到泌尿科。

如果檢查是與荷爾蒙有關，像是腦下垂體發育的問題（腦下垂體是控制分泌性荷爾蒙的腺體），可以透過針劑或藥物進行治療，但如果拖太久，可能就沒有辦法。

曾經遇過一個患者染色體是 XXY（Klinefelter syndrome）*，就是俗稱的「陰陽人」或「雙性人」，生理性別為男性，外表白白淨

* XXY（Klinefelter's syndrome）或稱柯林菲特氏症候群，是由於男性有兩條的 X 染色體所致的疾病。該疾病的主要特徵為不育。

淨，有如「白面書生」，也有外生殖器，但喉結不明顯，雖然有陰毛，但較一般人稀疏。

這位患者結婚後，有正常的性生活，且未避孕，但遲遲沒有生育，所以來檢查性功能，檢查結果發現自己完全沒有精蟲。可惜的是，這位個案已經錯過治療時機，終生無法生育。

第二章

陪女孩走過青春期的每一個變化

Q7 為什麼我的身體開始變得不一樣了？

Q8 月經什麼時候會來？如果一直不來怎麼辦？

Q9 月經是怎麼來的？

Q10 為什麼每次月經來都會痛？

Q11 月經這次沒來，是不是該調經？

Q12 月經前會想哭、脾氣差，這正常嗎？

Q13 月亮杯、棉條、衛生棉，哪一種才最適合我？

Q14 天氣一熱，下面就癢癢的，是生病了嗎？

Q15 不敢在外面上廁所怎麼辦？

Q16 女生洗澡時，要注意什麼？

Q17 我的胸部會不會太小？

Q18 處女膜真的這麼重要嗎？

Q19 女生也可以自慰嗎？

Q20 我需要做婦科檢查嗎？

Q21 女生私密處不舒服，該看哪科？

Q7

為什麼我的身體開始變得不一樣了？

青春期是女孩身體快速轉變的關鍵時期，從胸部發育、身形重塑，到體毛增生，每一步都標誌著她們邁向成熟。理解這些變化，有助於大人給予孩子適時的支持與安心感。

我小三的女兒胸部開始發育了！
差不多喔！
……
這是性早熟嗎？
現在孩子營養比較好，所以媽媽不要擔心。
我是擔心我女兒會長不高！
就醬子

青春期是一個身體發育和性成熟的階段，女生的第二性徵在青春期開始迅速發育，最明顯的第二性徵就是胸部發育。由於雌激素分泌增加，吸引脂肪集中於胸部，刺激乳房成長。

青春期開始的時間因人而異，但通常在年齡 11 至 14 歲之間。**有的女生可能在國小三、四年級就開始胸部發育，一開始通常是乳頭下方有輕微腫痛，或胸部變得較為柔軟的感覺**。在胸部開始發育後，家長就要幫女孩挑選適當的內衣。

胸部發育的五個階段

胸部發育過程需要數年時間才能完成，初期發育時，乳房通常會開始變得更加圓潤，而且可能變得更加敏感。這個階段可能不太明顯，但是對女孩來說是一個重要的變化。

在隨後的幾年中，乳腺組織會繼續增加，乳房會變得更加飽

胸部發育階段

階段一	胸部皮膚出現乳暈輪廓，一般為 10 歲及以下。
階段二	乳腺呈芽狀，周圍有小部分腺體組織，乳暈開始擴大，為 10 歲到 11 歲半個月。
階段三	乳房更為突出，超出乳暈，邊界不斷擴大，乳房周圍輪廓仍然保留，為 11 歲半個月到 13 歲。
階段四	乳房大小和高度增加，乳暈和乳頭堆積在一起，乳房輪廓突出，為 13 到 15 歲。
階段五	乳房最終達到成人大小，乳暈返回乳房周圍輪廓，乳頭中心突出，為 15 歲以上。

滿。這個過程的速度因人而異，但通常在青春期的中期逐漸完成。最後是乳頭和乳暈變化，變得更加明顯。

媽媽在陪國小三、四年級的女孩洗澡時，可以觀察女孩的胸部發育情況，有的身材瘦小的女生，可能乳房發育不明顯；而微胖一點，看起來胸部會比較明顯，但未必是性早熟，如果媽媽擔心是性早熟的話，建議適時尋求兒童成長科專科醫師的專業評估，有助於及早掌握狀況。

身形的改變是重要成長訊號

除了胸部發育外，女孩在青春期期間，整體身形也會出現明顯變化。女孩進入青春期後，體內雌激素開始大量分泌，不僅促使乳房發育，也會讓骨盆逐漸變寬，為未來懷孕與分娩做準備。這些變化會使臀部與大腿的皮下脂肪開始堆積，使得整體身形看起來更加圓潤，尤其是臀部變得飽滿，大腿線條更加明顯，腰部則相對細緻，逐漸形成「正三角形」的典型女性體態。

與此相對的是男生的青春期變化。在睪固酮的影響下，男生的肌肉量增加，上半身發展較快，肩膀變寬，胸膛擴大，下半身相對纖細，因此呈現出「倒三角形」的男性體態。這些差異，標誌著青春期男女二次性徵的發展軌跡。

毛髮訊號，來自體內激素的轉變

另一個明顯的變化是體毛的增生。對多數女孩來說，乳房發育後不久，會開始在陰部長出陰毛，這是青春期的另一個標誌性變化；接著，腋下也會逐漸長出腋毛，這些都是雌激素與雄性激素作用下的自然結果。而在男孩身上，則會出現鬍鬚、胸毛、四肢體毛等更多受雄性激素影響的毛髮發展。

不過，有些女孩在青春期也可能出現相對明顯的汗毛，例如上唇、手臂、甚至小腿部位，這與個體體質與體內雄性激素比例稍高有關。大多數情況下屬於正常變化，但若毛髮過於濃密，或伴隨月經不規律、痤瘡等其他激素異常徵兆，則建議尋求醫師評估，以排除多囊性卵巢症候群或其他內分泌問題。

整體而言，這些青春期的生理變化，是身體成熟與性別特徵發展的重要過程。對女孩來說，這些改變可能帶來不安、困惑或好奇，**若能有穩定的大人提供知識與情緒支持，將有助於她們更自在的認識自己，安心面對這段變化劇烈的成長期。**

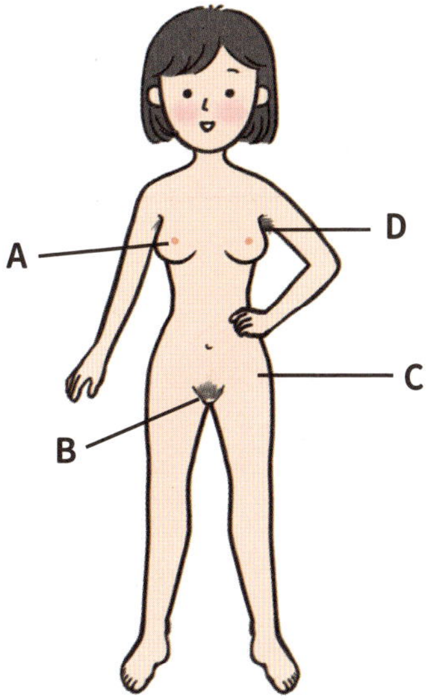

青春期女生第二性徵發育順序

A. 乳房發育（約 10 歲）
B. 長陰毛（約 11 歲）
C. 臀部變寬（約 12 歲）
D. 長腋毛

Q8

月經什麼時候會來？如果一直不來怎麼辦？

女孩進入青春期後，月經來潮是重要的發育指標，但第一次月經常來得突然，也可能遲遲不來。這段時間，大人若能理解身體變化、提早準備，將能幫助孩子更安心的面對成長。

我女兒今年小學五年級，我很擔心她一件事？
哪方面的事？
就是有關第一次來月經，請問是可以預期的嗎？
沒有辦法預測哪一天會來。
如果她第一次來月經時，都沒先準備的話，該怎麼辦？
別擔心！
雖然真的沒有辦法預測，但還是會有一些症狀可以觀察。

女生在青春期階段，除了胸部發育，因為子宮與卵巢快速發育，會開始有月經來潮。我相信初經對很多女生來說，都是很印象深刻的事，因為那一天很突如其來，會很尷尬，不知道如何應對。

別說是女生會害怕，想起王醫師自己在青春年少的時候，大家對於女生的生理期也不知道其所以然。

我還記得，國小時有位女同學第一次來月經。她看到自己流血，嚇得手足無措，整個人慌張極了。其實我們也都被她的反應嚇到，連老師當時似乎也不知道該怎麼處理。

之所以說是突如其來，是因為女生第一次的月經大概是在平均落在 10 至 14 歲，**但因為第一次來月經前是沒有症狀，也不一定會經痛，所以往往是來得令人措手不及。**

在這段期間，家長要特別關注孩子發育狀況，以提前準備。

為第一次月經做好準備

月經指的是卵子沒有受精，子宮內膜沒有發揮作用，子宮內膜、黏膜組織、血液以及其他分泌物，透過陰道排出，週期大概是每個月一次。

女孩在小學中年級（三、四年級）會開始胸部發育，大概是 9 歲左右，緊接著是月經，會在女生青春期後期發展，大多數會在國小高年級迎接第一次來潮。

雖然第一次月經來潮的時間無法確切預測，但家長其實還是可以從旁觀察孩子的發育進展到哪個階段，仍有跡象可循。可以提前幫女孩準備月經來潮時的相關備品，像是衛生棉、生理褲等，放在一個隨身攜帶的小包包裡。

月經一直沒來，可能隱藏三個身體訊號

雖然第一次月經來潮無法預期，但如果月經遲遲不來，有可能是以下幾個原因，家長要特別關注。

1. 處女膜、子宮頸或陰道閉鎖

門診中比較常見的情況，是家長帶女孩前來詢問關於月經不來，而孩子已經是就讀國三，大概是 15 歲的年紀。一般來說，女生到國三的年紀，第二性徵應該都已經發育完全，月經不來的原因，有可能會是處女膜、子宮頸或陰道閉鎖，也就是說，有月經，但是出不來，在子宮裡充滿經血，腹部因此會有週期性的疼痛。

2. 透納氏症：性染色體出現問題

月經不來的其中一個原因，是性染色體出了問題。

曾經有位高中生的病患，就讀第一志願，唯一的苦惱是月經不規則或甚至沒來報到，她的學業成績優異，並非課業壓力太大所導致，而經過多家婦產科檢查，始終找不到原因。

之後來到王醫師的診間，我請他們自費檢驗染色體，才終於找到月經不規則或甚至沒來的原因。原來該位年輕的女同學是罹患「透納氏症」（Turner syndrome），也就是一種性染色體異常疾病。

人體內具有 23 對染色體，共 46 條染色體，正常女性細胞核型為 46XX；當 X 染色體數量異常減少，少了一條 X 染色體，則會造成透納氏症，外型正常，但會影響身高及器官發育不良等問題，會有生育困難。

3. 先天無卵巢、卵巢發育不良，或是腦下垂體功能低下

月經不來的還有一個原因，是先天沒有卵巢、卵巢發育不良或是腦下垂體功能低下，也就是說，即使有子宮也不會有月經。

因為正常的卵巢會排出卵子，卵子沒有遇到精子的話，大約兩周後，變厚的子宮內膜會脫落出血，經由陰道排出體外，形成月經。先天無卵巢、卵巢發育不良或是腦下垂體功能低下，沒有排出卵子，就不會有月經，屬於原發性無月經。

到了一定年齡，月經沒來，一定要及早就醫，雖然檢查後，未必能解決問題，但至少可以找到月經遲遲沒來的原因。像是前文提到罹患透納氏症的女高中生，雖然可能因病終生無法生育，但至少找到困擾多年的問題，心裡也會比較釋懷。

及早就醫也能排除嚴重疾病或誤解所造成的恐慌。很多女孩因為「等不到月經」而感到焦慮、羞於啟齒，甚至在同儕間被貼上「沒發育」的標籤。若大人可以主動關注、陪伴走過這段不確定的時間，無論結果如何，孩子都能在過程中感受到被理解與接納。

Q9

月經是怎麼來的？

月經是女生邁入青春期的重要生理現象，但對很多人來說卻充滿困擾與疑問。除了了解月經的形成過程，更要知道什麼情況需要就醫，以及日常生活中該如何照顧自己，讓每個月的經期都能安心度過。

有夠麻煩~
有生理期覺得很麻煩，為什麼女生要有月經呢？
月經出現代表女性生理成熟了。
生氣~
但男生生理成熟也不用這麼麻煩！
呃~？
男生也有男生青春期的困擾呀！
……？

月經的出現，代表女性生理上的成熟，象徵身體已經具備孕育下一代的能力。對許多女孩來說，**月經的來臨往往伴隨不便與困擾，不只要擔心經血側漏，身體也可能出現不適感，讓整個人顯得悶悶不樂。**

月經形成的原理：當卵子慢慢成熟時，會開始分泌雌激素作用於子宮內膜，使子宮壁充血並增厚、變軟，準備讓受精卵著床。如果沒有受精卵著床，體內黃體素會慢慢消失，排卵之後 2 週（約為排卵後的第 14 天），變厚的子宮內膜即剝落，並隨著血液，經由陰道排出體外，正常情況下是呈現鮮紅色及一些內膜組織，每個月來一次，所以稱為「月經」。

在月經開始的頭幾年，因為體內的生理結構、荷爾蒙分泌都還沒有穩定，月經週期常呈現不規律。也要特別提的是，每一個人的

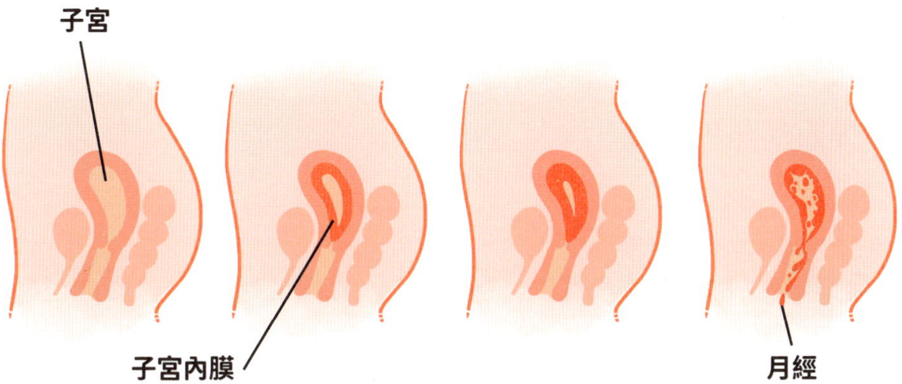

子宮內膜開始充血，準備讓受精卵著床

子宮內膜開始變厚

未有受精卵著床，子宮內膜剝落隨著血液從陰道排出，排出的經血就是月經

月經週期長短不一、不盡相同，從 21 到 40 天一次都有可能（平均約為 28 ～ 35 天），只要有規律就算正常了。

月經量過多可能不正常

一般來說，經期出血大約 3 至 6 天，每次月經的出血量約 35 至 80cc 左右。臨床上，由於每個人的出血量不一，因此沒有統一數值，一般建議是：**若持續 3 天以上都有血塊，或是單日出血很多，必須頻繁更換衛生棉時（像是一個小時就要換一片衛生棉，一天要換個 10 片以上），就屬於量大，如有貧血現象，建議就醫。**

例如睡醒時突然眼前一片漆黑，伴隨心跳加快等症狀，通常與貧血有關，可能的病理性原因有子宮內膜異位、子宮肌瘤、子宮腺肌症，或子宮內膜瘜肉，此時應儘早諮詢婦產科醫師進一步檢查與評估。

生理期的照護建議

在月經期間，身體處於較為敏感的狀態，若能注意日常生活中的細節，有助於減少不適與預防潛在健康問題。以下是幾項常見且實用的注意事項：

1. 避免性行為，維持私密處清潔

在生理期間，子宮頸口會稍微打開，若此時有性行為，較容易使細菌進入體內，增加感染風險。建議此期間避免性行為，同時採

用淋浴方式清潔身體，不僅衛生，也可避免泡澡導致私密處長時間接觸不乾淨的水質。

2. 血量大者避免使用月亮褲，慎選生理用品並避免水下活動

若經血量偏多，不建議單獨使用月亮褲，因為可能導致側漏；此時應搭配適當的衛生棉，並依出血情況適時更換。使用衛生棉條時也需特別注意，不建議在月經期間進行游泳、潛水等活動，尤其在水質不明的環境。曾有臨床案例顯示，有女生習慣在生理期潛水並使用棉條，結果導致經血逆流至骨盆腔，引發慢性骨盆腔發炎，造成長期不適與不孕。

3. 選擇寬鬆衣物，保持通風與舒適

月經期間應盡量避免穿著緊身褲或不透氣的衣物，以維持私密處乾燥、通風，降低感染風險。同時，寬鬆的衣褲也能減少腹部壓迫，讓身體更舒適，有助緩解經期的不適。

Q10

為什麼每次月經來都會痛？

經痛與經前症候群看似小事，卻可能嚴重影響女孩的學習、情緒與生活。有時只是輕微不適，有時卻會痛到無法上學、下不了床。了解身體發出的訊號，才能及早照顧、避免錯過重要的健康警訊。

好痛
我女兒會經痛到不想上學。
每次來都是這樣嗎？
對，但我以為她故意裝痛，不想去學校。
每個人生理痛的狀況不一樣，但有人真的會痛到發冷汗。
嗚…我真的是你女兒嗎??
這麼嚴重啊！我自己是不大會痛，以為女兒不想上課裝病！
……

身為女性，或多或少都有經痛的感覺，經痛是困擾許多女生的普遍現象，雖然王醫師自己身為男性，無法體會女生經痛的感覺，但我門診上確實滿多有經痛困擾的女性患者，聽到她們生動描述，經痛會發冷汗、下不了床，讓我彷彿也能感同身受。

門診最常見的，是父母帶著因為擔心女兒經痛可能影響到重要考試，因此希望能開立延後經期的藥物，可見經痛對某些女生造成生活上的影響。

經痛在一定程度上是正常的，但因為每個人忍受度不同，疼痛的程度和持續時間因人而異。

這種因生理期產生的疼痛，除了稱為「經痛」，通常也被稱為「痛經」，它是由子宮收縮和脫落的子宮內膜所引起。在正常範圍內，輕度到中度的生理期經痛通常是正常的，並且可能伴隨著腹痛、背痛、頭痛等不適的感覺，這些都是月經期間常見的生理反應。這種疼痛通常在生理期的前幾天開始，並在結束後消失。

強度則因人而異，有些女生可能感到較輕微的疼痛或悶痛，而有些女性可能會經歷較強烈的疼痛。

經痛的常見成因

經痛的確切原因尚不清楚，如果透過抽血或照超音波都找不到生理方面的異常現象，我們稱為「原發性經痛」，一些可能引起經痛的因素，包括子宮收縮、雌激素變化、炎症反應等。

子宮收縮是在排血時的生理機制，收縮過於強烈或頻率增加時，壓迫附近血管，限制血液流動，因神經反應而產生疼痛感。

月經期間，子宮內膜組織的剝落與排出可能引發炎症反應，釋放出炎症物質，例如前列腺素，讓子宮平滑肌收縮以排出經血，在這個過程中也會引發疼痛。

至於激素變化，指的是在月經期間，女性體內激素發生變化，尤其是雌激素與黃體素，前者的雌二醇有大腦鎮痛的功效，有利舒緩疼痛，所以，一旦雌激素的分泌量下降，就可能引發經痛。

疼痛可能由其他婦科問題引起，稱之為「續發性經痛」，就要特別注意。像是子宮肌瘤、子宮內膜異位症有相關，但可能因為病灶還太小，加上位置的關係，不一定超音波照得到，因而被誤以為是「原發性經痛」。

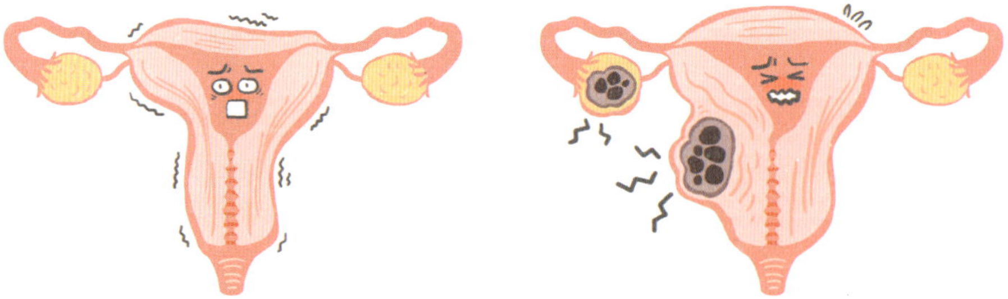

經痛分為原發性經痛（左）與續發性經痛（右）

緩解經痛的方式

對於輕度到中度的經痛，可以嘗試一些緩解方法，例如，在肚臍以下使用熱敷，可以放熱毛巾大約 10 至 15 分鐘，溫暖腹部讓血流加速；或是服用非處方解熱鎮痛藥，但需要遵循藥品仿單內容使用，避免過量。另外，**適度的運動、保持規律作息、避免熬夜、緩解情緒壓力，也都是日常中預防與改善經痛的重要方式。**

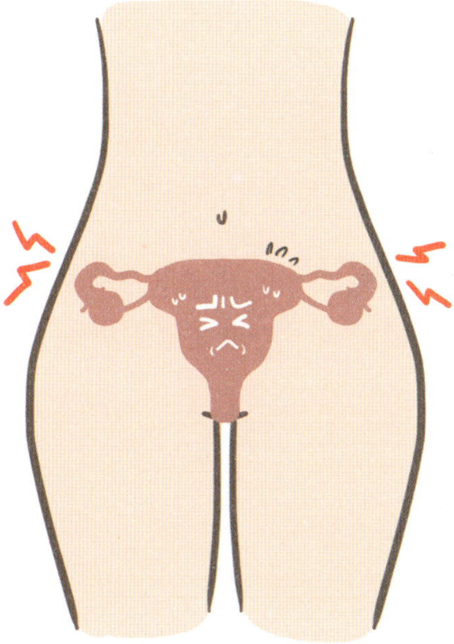

經痛的位置通常在下腹部與恥骨上方，
可採取熱敷緩解疼痛

若前述方法無法有效緩解，或經痛明顯影響到生活作息，則建議尋求婦產科醫師協助，確認是否為其他潛在的婦科問題所引起。

如果經痛非常嚴重，或伴隨著異常症狀，如重度出血、噁心、嘔吐、頭暈、腹部腫脹等，則建議尋求婦產科醫師協助，確認是否為其他潛在的婦科問題所引起。

經痛症狀可能藏有健康警訊

如果經痛嚴重，伴隨著以下任一情況，建議尋求婦產科醫師進一步評估狀況，確定病因，並提供適當的治療建議：

- 疼痛無法通過自我管理方法緩解。
- 經痛伴隨著異常症狀，如重度出血、噁心、嘔吐、頭暈、腹部腫脹等。
- 經痛開始於較晚的年齡，例如 30 歲以後。
- 經痛突然變得嚴重或持續時間變長。

以上這些情況可能是經痛的背後有潛在醫療問題的警示信號，建議及早就醫診斷，釐清病因並接受適當治療：

- **子宮肌瘤：**子宮內肌瘤是子宮肌肉的非惡性腫瘤，可能會導致劇烈的經痛。
- **子宮內膜異位症：**這是一種情況，子宮內膜組織生長在子宮以外的區域，可能引起嚴重的經痛和其他症狀。
- **其他婦科問題：**例如子宮內膜息肉、子宮畸形等，也可能導致劇烈的經痛。

經前症候群是正常的現象？

除了生理期間的經痛以外，相信很多女生也曾有過在生理期前或期間出現情緒波動，包括暴躁和易怒，而這些都是正常的現象。

這種情況通常被稱為「經前症候群」（Premenstrual Syndrome, PMS）或「經前不悅症」（Premenstrual Dysphoric Disorder, PMDD）。

PMS 是指在生理期前一周或生理期的期間，一些女性可能會經歷情緒、生理和行為上的變化，這些變化可能包括情緒波動、易怒、焦慮、憂鬱、疲勞、食慾改變、乳房脹痛等症狀，這些症狀通常在生理期結束後自行緩解。

PMDD 則是 PMS 的一種嚴重形式，其中情緒症狀更加明顯且嚴重，可能會干擾到日常生活和工作，通常需要醫療幫助和治療。

這些情緒變化與荷爾蒙的高低變化有關，特別是雌激素的變化，而不同女性的反應程度和症狀嚴重程度也各有不同，有些人可能只會輕微的感受到情緒變化，而其他人可能會感到極度不適。

說到底，經痛的影響因人而異，有時輕微不適，有時卻足以干擾日常生活。非當事人往往難以理解經痛的嚴重程度，這也讓許多女性在工作與學習場合中難以啟齒。為了保障女性的身心健康，台灣《性別平等工作法》明文規定：女性受僱者如因生理期而影響工作，每月可申請一天生理假，不列入病假總天數，算是對女性工作者的實質體貼與支持。

至於一般學生遇到經痛到無法上學的話，家長不要輕忽事情嚴重性，除了給予情感上的支持，協助減緩疼痛之外，如有需要，建議直接就醫，找出經痛的根本因素，對症下藥。

Q11

月經這次沒來，是不是該調經？

不少青春期女生因月經週期混亂或遲遲未來而焦慮，甚至考慮「調經」。但在用藥前，更重要的是了解月經異常背後的原因，可能來自發育未成熟、內分泌失調，或日常生活習慣的影響，身體正在傳遞重要訊號。

我的月經沒來，醫師幫我調經好不好？
妳的月經遲到幾天了？
……
好像……超過兩個月了。
嚇!!
這樣吧！我們先驗孕。
我沒有不安全性行為，為什麼要驗孕？
別急，先看看驗孕結果再說。

不少青春期女生會因月經問題前來求診，有時則由家長陪同，希望能協助「調經」。調經原因很多，最常見的情況就是月經沒來或週期紊亂，例如希望能透過藥物延後月經時間，以免在重要考試期間，因生理期的不適與不便而影響表現。

我能理解，眼前的這些女孩，正處在人生中一段關鍵的成長階段——即將從女孩蛻變為女人。她們不僅要在生理上適應一連串快速而劇烈的變化，例如月經初潮、身形轉變、荷爾蒙波動所帶來的不適；同時在心理層面，也要承受來自學校考試與升學壓力，還有與同儕相處中複雜而微妙的人際關係挑戰。這些變化交織在一起，容易讓人感到焦躁、疲憊，甚至無所適從。在這階段，我通常會鼓勵她們放鬆心情，給自己多一點理解與空間，學習自我調適。

調經前，先了解「規則月經」

在進行調經前，先要了解基本概念：**醫學上所定義的規則月經，指的是週期介於 21 至 35 天之間的月經**。這裡所謂的「規則」，並非與他人相較，而是跟自己過往週期比較，只要週期都一致，就算是規則月經。

當月經遲遲未來，或週期混亂不定時，很多女生會感到焦慮。除了可能伴隨腹痛等身體不適，心理上也可能會出現自我懷疑，一方面擔心自己是不是「跟別人不一樣」，另一方面也害怕這是否代表身體出了問題。

在門診處理「月經不來」的情況時，我們會先釐清問題、找出原因，首先排除初經或懷孕可能。初經來潮前1到2年內，因為生理發育尚未成熟，所以經期不規律很常見，這時候不必刻意調經，等待身體發育成熟即可。然而，畢竟月經是女生的正常生理機制，一旦察覺異常，建議不要掉以輕心，特別是月經超過3個月沒來，就應盡早就醫診療。

月經不來的常見原因

月經不來在醫學上稱為「無經症」(Amenorrhea)。原因很多，可能生理構造未發育、發育異常，或內分泌系統失調有關。例如擔任「上游」角色的腦下垂體未發育完全，可能導致無法釋放啟動月經的激素，因此無法產生月經；也可能生理構造發育不全，例如處女膜閉鎖，經血雖然生成，卻因為被處女膜「塞住」而無法排出體外；或是因為多囊性卵巢症候群等內分泌異常，也會影響月經週期不規則，形成月經「要來不來」或「久久來一次」的情形。

處女膜閉鎖很容易被診斷出來，手術處理即可。必須提醒的是，如果月經在體內積存過久沒有排出，可能發生癌化病變等風險。此外，多囊性卵巢症候群在華人體質很常見，尤其體態豐腴的女生常常也是多囊性卵巢症候群，原因是因為肥胖者體內的脂肪細胞會增加，而脂肪細胞又會影響雌激素增加，建議維持正常體態，避免「胖」與「多囊性卵巢」成為惡性循環。

女生注重外表，常常為了追求纖瘦身材，而刻意減重。然而過度減重有礙身體健康，也可能影響月經週期。過去有女生月經不來上門求診，她開心與我分享自己月減10公斤成果。確實效果顯著，但因此打亂生理機制，反而得不償失。通常這些患者都不必調經，只要吃胖 3、5 公斤，月經週期就能又恢復正常。

除了減重，也常見因為運動過度，而影響月經不來，許多運動員停經的個案都屬於這類情形。臨床上曾有 14 歲個案，因為接受高強度運動訓練，又沒有休息，導致長達半年月經不來。

在調經的用藥機制方面，主要是利用荷爾蒙來達到催經（月經提早）或延經（月經延遲）目的。並且由於每個人的健康情況與生理週期不同，必須配合抽血與婦科超音波檢測，判斷體內荷爾蒙濃度變化，再給予合適處方。

卵巢健康從日常習慣守護

卵巢是女生最主要生殖器官，也是身體消耗能量最後一站，當身體能量不足時，會暫停運作。**女生一輩子的排卵數量是固定的，也就是說，「用完」就沒有了，身體不會再生卵細胞，因此卵巢功能的維持對女性健康至關重要**。近年卵巢早衰的病例不少，追根究柢與日常生活息息相關。環境中的塑化劑汙染，飲食攝取過多會產生自由基的食物（例如炸物與烤物），都會嚴重危害健康。

把握年輕時光，好好愛惜自己的身體，避免因為疏忽或破壞而加速耗損。日常作息正常、睡眠充足、養成運動習慣、維持正常體態，並且適時紓壓、常保心情愉快，都可以實踐在日常生活，促進身體更健康。

Q12

月經前會想哭、脾氣差，這正常嗎？

從喜歡黏著爸媽的小女孩，到現在動不動就想關上房門、自己待著，這些轉變其實和身體裡的荷爾蒙有關。月經週期影響的不只是生理，還會牽動心情與人際反應，理解這一切，是讓自己更安心的第一步。

為什麼我女兒上國一之後，有時候情緒難以捉摸？
是不是月經快要來了？
我沒有特別注意。
都沒人理解我喔~
青春期的孩子情緒波動大，媽媽可以多一點關心喔。
來人關心我呀……
其實，我也是啊！
……

有許多家長說，自己的孩子上了國中後就不太理人，拍照也都不給拍，個性變得很古怪！心情起伏不定，不然就是喜歡待在房間裡，房門還上鎖，令人擔心。回想以前多黏人啊，多可愛，不讓跟出門還會哭鬧。怎麼一到了國小高年級、上了國中，性格就變得很「酷」，好像跟同學們的感情變得比爸媽還要好。

究竟為什麼青春期孩子的心理特別不一樣？

從生理層面來看，青春期的孩子，他們的大腦在受到第一次分泌性荷爾蒙的刺激後，心理也受到了一定的影響。只是男、女生對此反應不同；男生只有受到雄性賀爾蒙的影響，而女生則受到雌激素及黃體素等兩種荷爾蒙的影響，所以在心理上的反應，比男生來得激烈與複雜。

生理期前是易怒與疲憊的高峰期

美國醫師盧安・布里曾丹（Louann Brizendine）在《女性的大腦很那個……》（*The Female Brain*）一書裡寫道：「在循環週期（月經）的前兩個週，雌性激素升高，女孩變得對人際活動更感興趣，與他人在一起也會比較放鬆。在循環週期的最後一週，黃體素升高，雌性激素降低，女孩變得容易煩躁，傾向於一個人獨處。」她認為，在循環週期快要結束時，荷爾蒙激素分泌降至谷底，使人變得非常易怒。

內分泌的變化，使青春期的女孩變得更加敏感、煩躁或易怒。特別是在生理期來臨前的兩週，體內激素波動劇烈，常會出現水腫、疲憊與身體不適的狀況，也因此更容易出現情緒起伏。

在這段階段，許多女孩會格外在意同儕關係，渴望被接納、被喜歡，不想被排擠或孤立。正因如此，有些女孩即使知道某些行為不妥，仍可能為了維持關係或害怕失去朋友，而跟著同儕做出違反校規或社會常規的行為。這些行為一旦失控，往往會驚動家長或學校，也讓原本只是尋求認同的行動，演變成更大的壓力與誤會。

我們會將女生的生理週期形容為四季——**在一個月內，看著心情有如歷經春、夏、秋、冬，心情變化有如四季一樣高低起伏。**

月經來潮的這幾天有如春天，雌激素與黃體素較低，所以情緒平穩，而月經過後，來到雌激素開始上升的濾泡期，心情會變得開朗、輕鬆；排卵期則是像秋天，這個時候雌激素上升，會有性衝動；直到月經來的前一週，黃體素來到最高峰，許多人會有頭痛、腹痛、便秘、焦躁等症狀，就像是進入到冬天。

了解生理週期，是觀察與支持的起點

家長若能理解前述這些身體與心理變化的原理，就更能體諒孩子在這段時期情緒起伏較大，或偶爾做出一些讓大人難以理解的「瞎事」。這段時間的青少女，特別在意與同儕的關係，為了避免衝突、融入群體，常常會選擇妥協或跟隨朋友的行動，即使明知某些行為不太妥當，也可能會「一起做」。

舉例來說，現在流行的韓系穿搭，有些女孩會頂著髮捲就出門、刻意營造特定的妝髮風格。這些在大人眼中可能看起來像是

「不成體統的外出裝扮」，甚至會懷疑：「這樣哪裡好看？」但對青少女而言，那是一種被認可、被看見的方式，也是她們在同儕中建立認同感的語言。

家長們要多一點耐心跟孩子溝通，不要因為孩子生氣或胡鬧，自己也跟著生氣，破壞親子關係，以後遭遇其他不好的事情或難題，像是遭受到暴力或性騷擾等，如果不會在第一時間跟父母說，而是向同學或朋友傾訴，往往錯失解決問題的良機。

因此，**建議家長要知道女孩的生理週期，並記錄下來，當然也要教導孩子自己做紀錄。**

關心女孩的生理週期，除了可以了解心理層面的變化，我們還可以觀察到：如果月經超過 40 至 45 天還沒來的話，就是月經不規則；或者孩子可能有痛經的情況，可能是生理上的疾病，家長都需要及早帶孩子尋求專科醫師協助。

從身材焦慮到情緒低潮

另一方面，許多女孩因為嚮往明星藝人穠纖合度的身材，或擔心體型被同儕嘲笑，會私下進行減重。但若減重方式不當，導致身體攝取熱量不足，就可能影響荷爾蒙分泌，讓月經遲遲不來。不僅身體機能受到影響，情緒也容易變得煩躁、易怒。這些變化，其實都是家長在日常生活中只要多一點留意，就能觀察到的訊號。

此外，美國曾有一項研究發現，青春期女生比較容易罹患憂鬱症和焦慮症，可能是因為性荷爾蒙——雌激素，會讓送往腦部的血液流量增加。憂鬱表現在生理上的反應，包含體重降低、食慾不振或暴增、睡眠狀況不佳以致體力降低、上課注意力不足、專注力缺乏，課業成績開始變差等現象。

在情緒反應方面，則常有敏感、暴躁易怒、焦慮煩躁、自我價值感低落、冷漠，或在不經意或刻意的言語中，透露出絕望，這些都是父母要特別注意，千萬不能忽略，以為只是一時情緒不好。

青春期男生則相對單純，也較不容易罹患憂鬱症與焦慮症。但在心理上的影響，是比較喜歡在同儕間成為有權威的人，比較會有逞凶鬥狠的外在行為發生。青春期的變化不只發生在身體，更深刻的影響著心理與情緒。**無論是女生因為身材焦慮而過度節食、月經紊亂，甚至陷入低落情緒；或是男生為了獲得同儕認同，而出現激進行為，這些都是身體在長大過程中釋放的訊號**。家長若能給予孩子穩定的陪伴與理解，就能成為他們在青春期風暴中，最安全的避風港。

Q13 月亮杯、棉條、衛生棉，哪一種才最適合我？

月經來潮後，選擇適合的生理用品是每位女性的重要課題。無論是衛生棉、棉條、月亮杯或生理褲，了解各種產品的使用方式與風險，才能真正保護身體健康，避免感染與後遺症的發生。

請問醫師，我該如何選生理用品？
如果沒有特殊狀況，使用一般衛生棉就好，但要記得常更換。
我是游泳隊，生理期間要訓練就很傷腦筋。
特殊情況可以使用棉條，但千萬注意要記得拿出來，以免細菌感染！
好的……有次游泳完，忘記拿出來，慘不忍睹。
……

女生在第一次月經來潮後，便需要開始面對如何選擇生理用品的問題。台灣多數人習慣使用衛生棉片或衛生棉條，近年來，隨著環保意識提升與產品多樣化，市面上也出現更多選擇，例如月亮杯、月亮碟、生理褲等，每種用品的適用情況與舒適度會因人而異。

在臨床上，我曾遇過不少因使用棉條不當而導致感染的案例。其中最嚴重的是患者因棉條使用時間過長、或忘記取出（例如線頭斷裂）而引發細菌感染，導致骨盆腔發炎，甚至造成輸卵管受損、喪失功能，影響未來的生育力。

例如有位年輕女患者，因為長期下腹部劇烈疼痛而接受手術，術中發現骨盆腔充滿膿液，輸卵管組織已經壞死。深入了解後才得知，她是學校游泳隊成員，因為長時間泡在水裡且未定時更換棉條，導致嚴重感染。這類情況雖不常見，但風險真實存在，必須高度重視。

相較之下，國外女生多從青春期開始，便習慣使用棉條，日常活動中也常見使用；而國內大多數女孩僅在特殊情況下（如游泳、登山、戶外活動）才會選擇棉條。因此，**了解使用方式、正確的更換時間、適合的活動情形，對於預防感染、維持生理健康非常重要。**

使用棉條的不安與誤用

不管是衛生棉或棉條，由於每個人的經血量不同，只要使用者本人覺得髒就要更換，就算沒有變髒，因為是貼近私密處，密不透風，至少4、5小時就要更換，有些女生覺得常換棉條比較麻煩，可能長達 5、6 小時以上都沒有換，這就是使用棉條的女生，比較常造成感染的主因。

一般來說，棉條接受度不高，大致為以下三個原因：

- **文化差異。**部分社會對月經仍存有諱談、避談的氛圍，導致許多女性對置入式生理用品（如棉條）感到不安，轉而選擇衛生棉等較不具侵犯感的產品。
- **教育與資訊不足。**在部分地區，月經相關知識的教育與宣傳仍不普及，使許多女性對棉條的功能、使用方式與優缺點認識有限。
- **接觸與接受度的差異。**由於棉條需放入陰道內使用，對於尚未熟悉身體構造的年輕女性或初次使用者來說，可能會產生陌生感、排斥感，甚至聯想到某些與性有關的社會壓力，進一步降低使用意願。

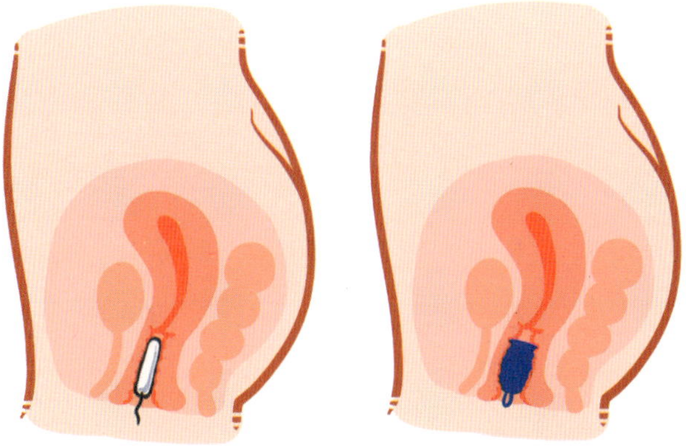

無論使用棉條（左）與月亮杯（右）都需要經常更換，保持通風與衛生

什麼是月亮杯？

由於近幾年來提倡環保，可重複使用的月亮杯（Menstrual Cup）就應運而生，月亮杯通常由柔軟的醫用級矽膠或橡膠製成，設計用來收集月經血液。

這種衛生用品在近年來逐漸受到女性的關注和使用，相比於傳統的一次性衛生棉和棉條，月亮杯具有一些獨特的優點，像是月亮杯是可重複使用，使用壽命通常為數年，減少產生廢棄物的數量，對環境更友善。雖然月亮杯的初購價較高，但它可以重複使用多次，長期來看比使用一次性產品更經濟。

相較於衛生棉和棉條，月亮杯可以在體內保持更長時間（通常為8至12小時），這意味著在白天或夜晚，女生可以更長時間不需要更換。另外，月亮杯可以減少異味，因為它是收集血液而不是吸收，這有助於減少產生異味的機會。

不過，月亮杯也有缺點，像是放入和取出可能需要練習。初次使用月亮杯的女性，可能需要一些時間來適應放入和取出的技巧，這可能會使一些女性感到不舒適。而每個人的身體形狀和結構都不同，對於某些女性來說，月亮杯可能不合適或不舒適。

在月經期間，如果女性無法方便進行清洗和消毒，月亮杯可能不適合長時間使用，另一個缺點是，月亮杯收集的血液量可見，有些女性可能對此感到不適。

月亮杯作為一種可重複使用的生理用品，具備環保、經濟等多項優點，但就我個人作為臨床醫師的觀察與經驗，仍較不推薦使用，主要有兩個原因：**第一，操作難度較高；第二，使用不當時較容易引發感染**。

月亮杯的設計是將杯體放入陰道內，透過真空密封原理固定位置並收集經血。這樣的密閉狀態在理論上有其效果，但若未正確放置或在取出過程中未保持清潔，反而可能成為細菌滋生的溫床。

此外，從醫學角度來看，女性在生理期間，腹腔會產生一定程度的負壓（腹部內的氣壓低於外部），而月亮杯密封於陰道內，配合呼吸或腹壓的變化，可能會在無形中形成類似「活塞效應」。這樣的現象與生理期不建議從事性行為的原理相似——經血與細菌可能在壓力帶動下逆流至子宮腔內，增加感染風險。

不過，**其實無論使用何種生理用品，最關鍵的仍是定時更換與維持清潔衛生。唯有養成正確的使用習慣，才能兼顧便利與健康。**

也要提醒一下，生理期間，如果血量過大，請勿穿著月亮褲，因為容易發生測漏的風險。而使用衛生棉條則不要進行水下運動，像是游泳或潛水，因為可能會因為水質不乾淨，引發感染。曾有臨床案例，有女生因為喜好潛水，下水時使用棉條，導致血液逆流至骨盆腔，骨盆腔因此長期處於發炎狀態，導致不易受孕。生理期間也須盡量穿著寬鬆的衣褲，保持通風，以淋浴代替盆浴或泡澡，也能大幅降低感染風險。

Q14

天氣一熱，下面就癢癢的，是生病了嗎？

夏天悶熱、穿太緊、太常清潔，可能都會讓私密處癢癢的。青春期的女孩也常出現分泌物，但什麼是正常？什麼又可能是感染？從日常穿著、清潔到異常症狀，學會照顧私密處，就是照顧自己的健康。

煩惱~
有時候會覺得下面癢癢的，不舒服，但每天都有洗澡……
如果是偶爾覺得搔癢，這是正常的。
又不能抓一抓~……
癢 癢 癢
在學校覺得很癢的時候，很尷尬！
如果不是很嚴重，可以試著穿寬鬆的衣褲，如果伴隨其他異常分泌物，可能要就醫檢查比較好！

台灣是海島型氣候，在潮濕悶熱的氣候下，穿著貼身衣褲可能會增加女性私處搔癢的感覺，這在某種程度上，可以說是正常的生理反應。

然而，搔癢可能是一種不舒服的感覺，且長期持續的搔癢，也可能影響生活品質。

這種情況通常是以下原因所導致：

- **潮濕環境：**潮濕悶熱的氣候，可能會使私密處周圍的皮膚處於溼潤，這有助於細菌和真菌的繁殖，導致搔癢。
- **穿著貼身衣褲：**貼身的衣褲會增加私密處周圍的皮膚與衣物摩擦的機會，引發搔癢的感覺。
- **過敏或感染：**私密處搔癢也還可能是因為過敏反應或感染，例如受到念珠菌感染等。

偶爾的搔癢感覺，其實在大多數情況下，可能是正常的，保持良好的個人衛生，避免穿著過於緊身的衣褲，並保持私處周圍皮膚的乾燥，也有助於減輕搔癢的感覺。

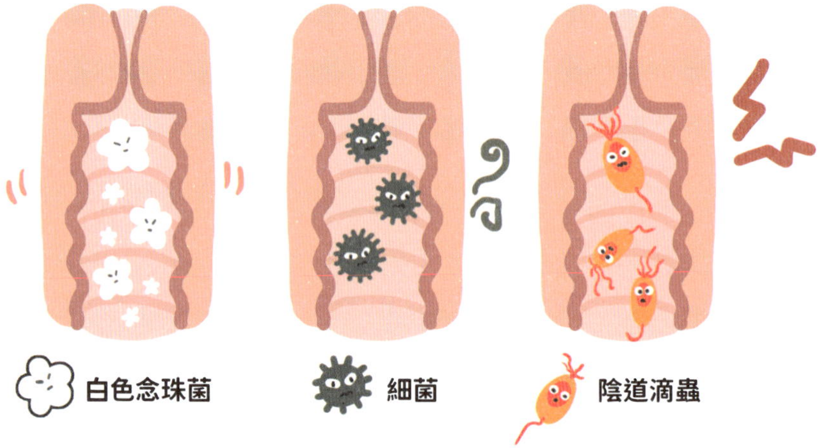

私密處長期發癢，可能是陰道發炎或感染

天氣熱，更要好好照顧私密處

台灣的夏天容易潮溼悶熱，建議女孩子衣著盡量以寬鬆透風為主；如果是棉花糖女孩，因為比較肥胖，大腿肉中間會容易悶住，容易出汗，也會容易造成私處黴菌感染發癢。在外建議穿著寬鬆舒適的衣物，不要穿緊身衣褲，如果在家裡可以盡量穿裙裝，讓下體保持通風。

另外，特別提醒的是，**女生的貼身衣物盡量用手清洗乾淨，如果要使用洗衣機清洗，避免與其他衣物混合一起清洗，晾曬時也要保持通風**。定期更換貼心衣物，如有黃漬或黑點發霉的現象，就要馬上汰除。

如果搔癢感持續，尤其是伴隨其他症狀，像是灼熱感、發炎、異常分泌物等，建議儘早尋求醫生的建議和檢查。醫生透過檢查可以評估症狀並確定可能的原因，從而提供相應的治療方法，以緩解搔癢感並處理潛在的問題。

分辨正常與異常分泌物

女孩在青春期，容易有陰道分泌物是正常的生理現象，它有助於清潔陰道並保持健康。

正常的陰道分泌物通常是無色或白色，有一定的粘稠度，並且不帶有異味。尤其是在月經週期中，分泌物的顏色和量可能會有變化，也都是正常的情況。

然而，當陰道分泌物出現以下情況時，可能與感染或其他健康問題有關：

- **水狀、灰白色分泌物：**可能是陰道菌落不平衡導致的細菌性陰道炎。
- **黏稠、白色分泌物：**可能是陰道內的念珠菌異常增生，感染了念珠菌陰道炎。
- **濃稠泡沫狀、黃綠色分泌物：**可能是經由性交、浴池或床單等造成陰道滴蟲感染。
- **分泌物多、呈黃白色：**可能是披衣菌、黴漿菌或淋病感染。

這些症狀可能是感染或其他婦科問題，應該及早就醫，確定問題的原因，並給予相應的治療。

醫師要再次提醒，陰道原本就有許多菌叢，很多國高中生常為了念書考試熬夜，睡眠不足或是免疫低下時，也容易引發細菌感染，或者是針對私密處清潔太過度，例如，使用清潔力較強的沐浴乳沖洗，反而讓菌叢不平衡，容易引發感染。

無論造成下體癢癢的原因為何，只要覺得不舒服，就要求醫，如果感染得不到及時治療，可能會影響生活品質，甚至引發更嚴重的健康問題。

Q15

不敢在外面上廁所怎麼辦？

有些孩子為了不搶廁所，會選擇少喝水、不去尿尿；有些大人工作忙也常常憋尿。這個看起來沒什麼的大習慣，時間久了卻可能造成尿道發炎、膀胱不舒服，甚至影響腎臟健康。從今天起，別再忍尿了！

尿尿時會有刺刺灼熱的感覺……
平常有多喝水嗎？
應該算有。
有習慣憋尿嗎？
會！
有尿意就要去上廁所比較好。
在學校不敢上廁所，覺得外面廁所髒髒的……

門診也時常遇到的是女生的泌尿問題，像是尿道炎等，大部分是因為太專注於工作，或壓力大、緊張的關係，有尿意但沒有馬上去廁所，偶爾為之尚可，但如果是經常性憋尿，就容易出現泌尿道感染發炎的狀況。

有些女學生則是因為不敢在家裡以外的地方上廁所，一來是覺得學校廁所比較不乾淨，二來是隱私問題，認為在家裡上廁所比較安心。

然而，就讀國小到高中，學生白天在學校的時間總是比在家裡長，有的學生甚至在校的時間超過 8 個小時以上，因為不敢在學校或在外面上廁所，有的是不敢喝太多水，有的是憋尿，日積月累，泌尿系統會常出問題。憋尿是指在感到尿意時，故意不去排尿，而是將尿液留在膀胱中。**短暫的憋尿通常是無害的，但如果經常憋尿或憋尿時間過長，可能會產生一些問題。**

掌握泌尿道健康的第一步

尿液是身體的一種自然清潔劑，它可以將細菌從尿道排出，所以要多喝水、多排尿，自然而然把細菌排出。

每天喝水約 2000 至 3000 毫升，或以體重計算，每一公斤喝 30 毫升的水，例如，50 公斤的體重，每天至少要喝 1500 毫升的水，可以減少泌尿道感染機會，因為藉由喝水，將泌尿道中的細菌沖刷下來，降低感染的機會。

有些女生會準備一個有刻度的水瓶隨身攜帶，喝了多少水可以比較清楚。不過，也有很多人會說，真的很難計算自己一整天到底喝了多少水？

這裡提供一個小撇步，那就是藉由尿液的顏色來判斷自己的喝水量。**如果尿液的顏色都是呈現很淡的黃色，代表喝的水是足夠的；但如果尿液的顏色是很黃，那就表示喝水量比較少，就要趕快補水！**

所以，如果長期憋尿，可能引起的問題，一開始是尿道感染；當尿液在膀胱中滯留時，細菌有更多機會進入尿道，就增加了尿道感染的風險。再來是會引起膀胱感染，憋尿可能導致膀胱內的細菌滋生，增加膀胱感染的風險，長期憋尿可能使膀胱對細菌的清除能力減弱，導致感染的機會增加。

因為**憋尿會使膀胱內壓力增加，長期下來可能導致膀胱壁肌肉失去彈性，這可能會影響正常排尿的能力**。

更嚴重者，可能會引起尿失禁，因為憋尿過久可能導致膀胱過度擴張，造成尿失禁的問題，這意味著在想要控制排尿時，可能會發生意外漏尿的情況。

臨床上，常遇到女生反覆性泌尿道感染，甚至往上感染到腎臟發炎，嚴重的話，可能會發燒到住院，甚至影響腎臟功能。所以，不要輕忽常常憋尿帶來的後果。

由於台灣天氣較為溼熱，常會遇到患者問，「穿寬鬆衣褲是否比較不會引起尿道發炎？」我認為，通常憋尿還是主因，但是如果可以養成多喝水多上廁所的習慣，再搭配衣著可以盡量舒服寬鬆，對於下體的舒適度也會比較好。

孩子不喝水的背後原因，竟然是「搶輸廁所」？

我自己有一個小一的女兒，在學校不上廁所的原因是「搶輸廁所」。女兒說，下課的時間太短，所以要跟同學搶廁所，晚一點去上廁所就上課鈴聲響起，所以為了不必去跟同學以跑百米的速度搶廁所，我女兒就不喝水了。

怎麼可以為了搶輸廁所而不喝水呢？這對孩子的身體健康是有影響的。身為家長又是婦產科醫師，我當然是不能讓這樣不健康的事情發生，雖然短期間之內沒辦法讓學校增蓋廁所，也無法要求下課時間延長。

所以，我就想出了一個辦法，陪女兒練習跑步，希望她可以跑快一點！也就是她只要一天在學校有上廁所三次，我就會給她一張貼紙，鼓勵她要多去上廁所。

提醒家長們真的要多多關心孩子日常喝水與上廁所的情況，盡量溝通告知憋尿的後果，並養成不憋尿的日常的健康習慣。如果家裡是比較大的孩子，是怕有隱私問題不敢上學校廁所，就可以告訴孩子們，學校在廁所有做好安全防偷拍的措施，卸除心房。

至於如果尿尿時有刺痛或灼熱感的時候，懷疑是泌尿道發炎感染的話，該看婦產科還是泌尿科？

我建議，**如果女性出現尿道感染、膀胱感染、膀胱炎、尿頻、尿急、尿失禁等與泌尿系統相關的問題，建議首先就診泌尿科醫生或是婦女泌尿科醫師**。泌尿科醫生專門處理泌尿系統相關的疾病，可以對女性的泌尿系統進行評估、診斷和治療，也有相關的檢查儀器，像是膀胱鏡等。

如果女性出現月經異常、盆腔疼痛、生殖器官問題、子宮頸問題等與生殖系統相關的問題，可以就診婦產科，由婦產科醫生專門處理婦女生殖系統相關的健康問題。

Q16

女生洗澡時，要注意什麼？

青春期開始後，身體分泌增加、變化快速，正確的清潔方式與保養習慣變得非常重要。從私密處、尿道、肛門到乳房，每個部位都有不同的照護重點，過度或錯誤清潔反而會造成傷害，適度才是真正的保護。

有時候下面會癢癢的，需要特別買清潔私密處的用品嗎？
癢
基本上，用清水清潔就可以了。
偶爾也有異味，光用清水好像洗不掉？
可以用肥皂稍微清潔。

曾經有家長，在幫還在念幼兒園的女兒洗澡時，因為清潔過度，破壞了陰道原本的菌叢平衡，反而讓壞菌滋生，造成女兒私密處搔癢與不適。

進入青春期後，無論是男生還是女生，汗腺與皮脂腺的分泌會明顯增加，因此學會適度清潔與保養身體變得非常重要。**清潔不是越多越好，過度清潔會傷害皮膚與黏膜，適度才是真正的保護。**

首先，要養成良好的衛生習慣，像是每天洗澡，保持身體清潔，特別是保持私處乾燥和清潔，有助於預防感染和其他健康問題。並根據自己的皮膚類型選擇適合的護膚產品，保持皮膚的清潔、潤澤和保濕。

也要保持均衡的飲食，多攝取新鮮的水果、蔬菜、蛋白質和維生素，避免過度攝取加工食品和糖分。以及適度的運動，有助於保持身體健康和體重，並改善心理和情緒狀態。像是台灣的女生維生素 D 普遍不足，因為女生有一白遮三醜的傳統審美觀念，很多人都因為怕曬黑而不喜歡運動跟曬太陽，其實健康的膚色比盲目追求白皙來得更重要。

以下是身體保養清單，你做到了幾項？

- **經期護理：**注意經期衛生，選擇合適的月經衛生用品，並保持私處清潔，避免感染。
- **定期檢查：**根據需要定期進行身體檢查，包括常規健康檢查和婦科檢查。
- **睡眠充足：**保持足夠的睡眠時間，有助於恢復身體和提升免疫力。

- **減壓和放鬆：**學會有效的減壓方法，如冥想、瑜伽、閱讀等，有助於減輕壓力和焦慮。
- **避免不良習慣：**避免吸菸、飲酒和濫用藥物，這些不良習慣會對身體健康產生負面影響。
- **培養良好的生活習慣：**建立良好的生活習慣，包括按時進食、規律作息和適度運動，有助於維持身體健康。

青春期清潔保養全攻略

青春期是身體快速變化的階段，學會正確的清潔方式非常重要。不論是私密處、胸部還是尿道區域，過度清潔或錯誤方式都可能引起不適或感染。溫和清洗、保持乾爽、選擇適合的產品，才能真正保護身體、維持健康。

私密處清潔

在沐浴時，可以輕輕檢查私處周圍的皮膚，確保沒有紅腫、破皮或其他異常。清潔可以使用溫水，避免使用過熱或過冷的水，以及避免使用過於刺激的清潔產品，特別是陰道內部的清潔應該避免使用清潔力強的刺激性產品，只需用溫水輕輕沖洗即可。

如要使用清潔用品，也要避免使用帶過多化學添加劑的沐浴露、肥皂或清潔劑，這些成分可能會對敏感的私密處皮膚造成刺激。特別是**清潔私密處時，不要用力搓揉，要輕柔的清洗，避免對皮膚造成摩擦和刺激**。

在清潔後，記得使用柔軟的毛巾輕輕拍乾私密處，保持乾燥有助於預防細菌感染。陰道其實有自潔的功能，絕對不要往陰道深處去沖洗，外陰部清洗就好，用強力洗劑往內部沖洗會改變陰道菌叢，反而容易感染。

尿道清潔

在上完廁所後，從前往後擦拭，避免細菌從肛門進入尿道，同樣也是選用溫和無刺激性的清潔產品做為清潔。

肛門清潔

保持肛門區域的清潔乾燥，在每次上完廁所後，應該用溫水清潔或使用無酒精溼紙巾擦拭，也是由前往後擦拭。飲食上，應多吃富含纖維的食物，促進腸道健康，預防便祕，最好是能夠是當運動以保持消化系統暢通。

同時，每天更換乾淨的內褲，避免穿著潮溼的泳衣或內衣，像是上完體育課，往往流滿身汗，最好是可以多帶一套衣服在學校換，而不是沒有換下運動服，直接穿回家，保持私處乾爽和清潔，保持良好的個人衛生對於女性健康很重要！

胸部清潔

胸部可以使用溫水和沐浴露輕輕清洗，注意避免用力搓揉，以免對乳房造成過度刺激。

自我檢查乳房有無異狀

在沐浴時，可以用手輕輕檢查胸部，確保沒有異常發現，如腫塊、腫脹、皮膚變化等，如果有摸到硬物，最好是就醫檢查。

根據乳癌防治基金會指出，乳房自我檢查的四個步驟是：「看、觸、臥、擰」。

「看」

雙手自然放鬆下垂，觀察兩側乳房是否有對稱，異常腫塊或凹陷，或者是皮膚紅腫。

「觸」（站立觸摸法）

1. 洗澡時，將一手放於腦後，另一手手指伸直併攏，用食、中、無名指3指第一指節的指腹來檢查。
2. 以按壓、螺旋、滑動的方式進行（可沾點肥皂水或其他潤滑劑，以增加檢查的敏感度）。
3. 採地毯式全面檢查整個乳房範圍，包括左右兩側鎖骨下、胸骨中線、肋骨下緣及腋下。
4. 由乳頭開始，依環狀順時鐘方向，由內逐漸向外檢查約3～4圈，看是否有乳房腫塊、腋下淋巴腫大等情形。
5. 一邊乳房檢查完後，再重複同樣方式檢查另一邊乳房。

「臥」（平躺檢查法）

1. 用少量潤膚乳、嬰兒油或綿羊油等具有潤滑作用的油脂，塗抹於雙手，以方便檢查時觸摸滑動。
2. 平躺下，頭下不放枕頭，檢查左側乳房時在左肩下面墊一個小枕頭，左手置於腦後，用右手按摸左邊乳房。
3. 檢查的方式與站著時一樣。右手中間3指並攏，以指腹按壓、螺旋、滑動的方式仔細檢查整個乳房範圍有無硬塊。

4. 換左手檢查右側乳房，方法同上。
5. 腋部檢查，則是將手臂上舉，輕輕地用手指摸腋下看有無摸到淋巴結腫大。最後是「擰」，除了乳房本身以外，也要檢查有無腋下淋巴腺腫大，最後再以大拇指與食指擠壓乳頭，注意有無分泌物。

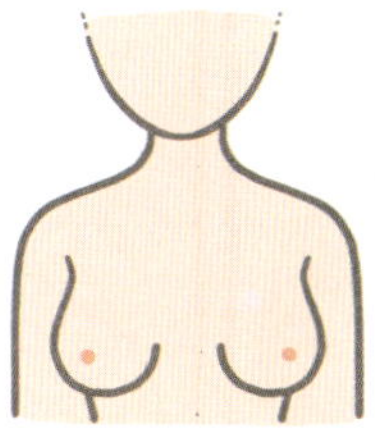

雙手自然下垂，觀察兩邊乳房大小是否有對稱
或有皮膚紅腫，甚至異常的腫塊

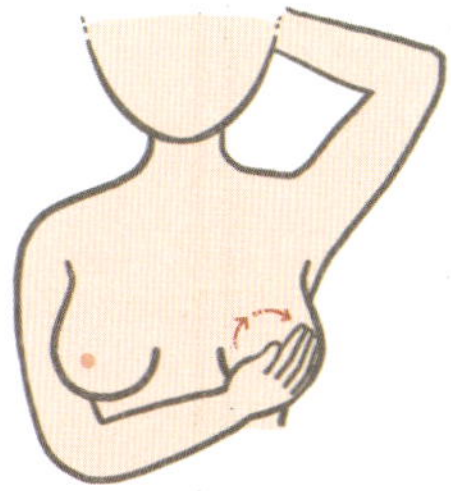

以環狀順時鐘方向，觸摸乳房是否有異常的腫塊

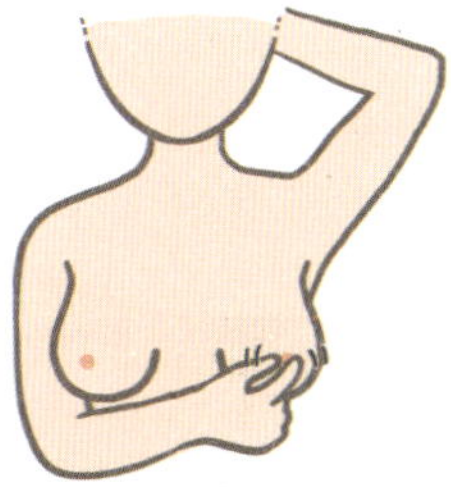

用食指與拇指擰壓乳頭是否有異常分泌物

Q17

我的胸部會不會太小？

從「胸部愈大愈有女人味」到「豐胸才是自信」的迷思，青春期少女面對的不只是發育，更是身體焦慮與外在標準的壓力。但乳房的大小與健康、哺乳功能無關，青春期最重要的是認識自己、尊重自然的身體節奏。

七年級的女兒覺得自己胸部太小，很自卑。
OMG !!!
超級飛機場～
胸部大小跟遺傳有關，只要健康就好了。
我也是這樣想，因為我也沒有很大！
摸～摸～
……

乳房是由皮膚、乳腺、結締纖維組織，以及脂肪組織所組成，乳房大小主要是乳腺與脂肪的分佈，與遺傳、飲食有關係。乳房是女生在開始青春期時，首先發育的第二性徵，其發育和功能是受到雌激素、黃體素、泌乳素、生長激素，以及催產素等激素的作用影響與調控。

由於乳房是在青春期開始發育，且是女性外顯的第二性徵，因此在古今中外的文化中，乳房常被賦予特殊的社會意義，視為女性特質的象徵之一。因此，社會上常流傳「胸部愈大愈有女人味」的說法，但這其實是片面的刻板印象，與女性真正的價值無關。

隨著社會的開放，以及社群媒體的推波助瀾下，像是許多網紅袒胸露乳，或者是豐胸廣告愈來愈普遍，讓這樣的刻版印象愈來愈嚴重。

胸部大小不該被拿來比較

青春期的少女最重視同儕意見，不管是胸部大或小都可能會被一些無聊的同學當作話柄或嘲笑的對象，所以可能胸部大的女生就會故意駝背掩飾；胸部小的女生就會穿著寬鬆。這些行為背後，其實反映出對身體的焦慮與不安。許多女孩在這個階段尚未建立起穩定的自我認同，容易因為外在評價而否定自己的身體。再加上社群媒體與大眾文化經常強化「理想身材」的單一標準，讓青少年更難接受自己的自然樣貌。

但事實上，**胸部的大小是由遺傳、荷爾蒙分泌與體質等因素共**

同決定，每個人都有不同的發育節奏，沒有哪一種才是「標準」。

就醫學上來說，胸部大小並不會影響生育哺乳功能，乳汁的分泌量與媽媽本身攝取的營養有關，跟乳房大小無關，且乳房大小也跟罹患乳癌的疾病也沒有絕對關係。**胸部大小會有週期性變化，女性在月經要來之前，胸部會比較大，有脹痛的感覺，這是因為受到雌激素分泌增加的影響；一旦月經結束後，胸部就會變得比較小。**只要是健康無虞，不需要特別擔心，也不需要因為太大或太小而感到自卑，對自己的身材充滿自信。

青春期可以豐胸嗎？

對家長而言，在孩子進入青春期時，應多留意他們的身體語言與姿態變化，例如是否因為身材焦慮而出現駝背等掩飾行為。不論胸部大小，家長都應引導孩子建立正確的身體認同，鼓勵他們接納自己的自然樣貌，從中培養自信，而非將外貌視為價值的標準。

網路上或平面廣告有隆乳的影片，讓很多年輕女生認為隆乳是光明正大，不像以前避諱談論豐胸話題。如果有女生想要隆乳也沒有不對，然而青春期發育還沒完全，這個階段不應該做任何手術。依照規定，**要做隆乳手術也必須年滿18歲，但必須要有父母的同意書，到了20歲，才可以自行決定是否從事隆乳的醫療行為。**

乳房大小除了遺傳，確實與後天的西化飲食有關。也有一說是，吃高脂肪或高熱量的食物就可以豐胸，但我們身體的營養還是要均衡，如果補充單一營養素，像是脂肪或熱量，反而會造成身體負擔，也未必可以達到豐胸的目的。

Q18

處女膜真的這麼重要嗎？

處女膜只是身體的一部分，不是檢驗貞操的證據。流不流血、破不破裂，都不能定義「處女」與否。這層薄膜的外觀、形狀和存在狀態因人而異，也會隨時間改變，不該成為評斷女性價值的標準。真正該拆除的，是對它的錯誤迷思。

我女兒才小六，下面好像流血了……
是第一次月經來了嗎？
還沒有。
???
呃
跟同學約騎腳踏車，好像是處女膜受傷了。
嚇我一跳～
那應該不要緊，休息幾天就好了！

處女膜是黏膜組織，外觀與人體多數角質化（質地相對粗粗的、硬硬的，有防水功能）的皮膚不同。從生物胚胎學的歷程來看，其實處女膜在嬰兒出生時就有了，外觀狀似半月形，原本是封閉的，直到出生前形成一個或多個小開孔，未來經血可以順利排出。

再就構造位置來看，其實處女膜距離陰道口不遠，更具體形容可以小指比喻，如果將小指從陰道口放入，明顯感覺有一圈環狀被「箍住」的構造，並且口徑與小指差不多，觸感又薄薄的，大概就是處女膜了。

日常生活中，當皮膚受到外力傷害時，可能發生擦傷、破皮、撕裂傷等情況，但不一定每次都會流血，處女膜也是這樣的概念。**從事劇烈運動時發生碰撞、日常生活中肢體動作過大，以及發生性行為等情況下，都有可能會導致處女膜破損而受傷，但不一定每次都會流血，不必過度在意。**

處女膜只是身體的一部分

衛道人士以「處女膜」做為女生初夜的判斷準則，非常不客觀，也很容易判斷失準。不過就是結合歷史、宗教、神話、文化、法律、醫學等各方面的片面觀點，將婚姻、結合與貞操等歧見強加在女生身上，長時間積非成是的誤解或觀念。就人類演化觀點來看，只是身體尚未退化或消失的構造，幾乎不具生理意義。

臨床上個案，較常見處女膜閉鎖影響經血流出而就醫，或是遭遇性侵害時驗傷與採檢需要，透過觀察處女膜來判斷，是否因為立即性行為而出現新裂口等。處女膜周遭幾乎沒有神經，受傷時的痛感主要因為皮膚撕裂引起，或是陰道口彈性緊實而導致。但是處女膜的傷口癒合後不會再生，年老也可能逐漸萎縮。

門診甚至曾經有病人，雖然沒有性經驗，但因為生理期習慣使用衛生棉條，而逐漸撐大處女膜開孔的情形。關於衛生棉條的使用與否，我維持中立的觀點，但比較不建議沒有性行為的女生使用。

處女膜特徵因個人而異

有些人有「處女情結」，處女膜是一種薄膜狀結構，位於女性陰道的入口處，處女情結者認為，女生的初夜有流血才是處女，但就醫學角度而言，其實處女膜沒有太大的功能，也不是只有發生性行為才會破掉出血。

在某些情況下，處女膜就會破掉，像是騎腳踏車、擦撞，甚至有些女生在自慰時，手指伸入陰道，處女膜也會破掉；破掉的處女膜也可以透過醫美手術縫合，所謂的「處女情結」是無稽之談。**並且不是每個女性出生都有完整的處女膜，處女膜的特徵和結構也可能因個人差異而異。**

有些女性的處女膜可能比較厚、完整，而其他女性的處女膜可能較薄或具有缺陷，處女膜的形狀和大小也會有所不同。

處女膜並不是一個完全封閉的膜，通常具有一個小的開口，允許月經流出和其他生理分泌物排出，這個開口的大小和形狀也因女性而異。

特別的是，處女膜可能會因時間而改變，可能在生活過程中逐漸變得較為柔軟或彈性較大，尤其是在青春期之後或經歷性行為後，因此，處女膜並不是一個永久不變的結構。

處女膜可能在初次性行為中破裂，因性器官的插入和擦拭而受到壓力，從而引起破裂，但也可能不破裂。

另外可能破裂的原因是身體活動、運動、騎馬、自慰或其他生活活動引起的，處女膜較薄的人可能因為使用衛生棉條而讓處女膜破裂，因此，處女膜破裂的原因可是百百種。

然而，處女膜的破裂並不等同於失去「處女性」，處女性在一些文化和社會中被賦予特殊的價值和意義，但這些觀念在不同地方和時期有所不同。

需要強調的是，處女膜不應該被視為評判女性的價值或道德的唯一標準。

總之，處女膜是一個個體化且多樣化的結構，不是所有女性都具有相同的處女膜特徵。它的存在或缺失並不應該影響女性的自尊心或價值，而應該基於科學事實和尊重個人選擇的原則來看待。

Q19

女生也可以自慰嗎？

自慰是女生探索自己身體、滿足性需求的自然方式，但前提是要安全與衛生。錯誤的方式、危險的道具可能導致感染甚至受傷。透過了解身體敏感帶、正確認識自慰，不僅能促進性健康，也是一種尊重自己的開始。

羞～
我沒有男朋友，喜歡自己來，是正常的嗎？
很正常啊。
但我聽說過，男生自慰才正常？
女生也有生理需求。
原來如此，我以為自己性慾太強。
女生跟男生都有生理需求，自慰是很正常、健康的一件事。

曾有一位年輕女生來掛急診，因為她在自慰時，跳蛋（一種女性情趣用品）卡在陰道裡取不出來，上網找解決之道，竟然有人教導用磁鐵將跳蛋吸出來的撇步，她信以為真，結果一不小心，磁鐵也掉進陰道內。

這位女生不死心，居然用膠帶把另外五顆小磁鐵黏成一串，塞進陰道內，以為可以把原本的磁鐵吸出來。

可想而知，不但沒有吸出來，反而整串磁鐵又塞進陰道內，無計可施下，最後才來看診。

這件特殊的案例，讓當時還是年輕醫師的我整個嚇到，到現在仍印象深刻。

在這裡，要鄭重提醒大家，**不要萬事都上網求問，尤其跟身體健康有關的事情，更是要謹慎小心**。

自慰是一件再自然不過的事，指的是透過自己刺激性器官而獲得性快感或達到性高潮的一種行為，雖然女性與男性的生理構造不同，但女性跟男性一樣有生理需求，尤其女性在排卵期間，分泌物多，陰道比較濕潤，透過自慰解決生理需求。

學會安全滿足自己很重要

已經進入青春期的女孩子，也會有生理需求，自慰是一種滿足生理需求的方式，這是一種正常的生理現象，也不會對身體造成傷害（使用不當的方式或工具除外）。

因此，要將它視為一種健康、自然的事情，不要覺得丟臉，以自慰滿足生理需求比隨意性行為還來得安全，家長知道後也不要太大驚小怪。

臨床上遇到有些女性患者因為荷爾蒙變化，容易做春夢，有生理需求，如果性伴侶無法配合性事，用自慰的方式也可以滿足其需求。甚至，已經懷孕的女生，除了有前置胎盤、子宮頸太短等特殊情況不宜自慰，也可以透過自慰達到性需求。

女生自慰要注意安全與衛生

自慰是透過刺激自己的性器官，女性通常是刺激陰蒂，以達到性愉悅或性解放的行為，具有以下優點：

- **性健康：**自慰有助於促進性健康。它可以幫助減輕性慾壓力、減少性壓抑、增進生殖器官的血液循環，有助於保持生殖器官的健康狀態。
- **安全性：**自慰是一種安全的性行為，不會導致性傳播疾病或懷孕。
- **性知識：**透過自慰，女性可以更好地了解自己的身體和性需求，有助於建立更健康的性關係。
- **自主權：**自慰是一個展現性自主權和性自決權的方式。每個人都有權決定自己的身體和性行為。

雖然有前述的優點，但自慰最重要的兩件事：**安全與衛生**。例如，不要使用奇怪的道具，像是有人學網路上用小黃瓜，可能會讓性器官受傷。或者使用情趣用品不當，讓自己受傷，甚至要掛急診求助，得不償失。

另外，**月經來的時候避免自慰，經血容易回流，產生感染**；自慰前後，手部都要清洗乾淨，因為有些病例是嘴巴長疱疹，用手碰觸嘴巴，沒有清潔乾淨，然後自慰的話，就可能感染病毒。陰蒂與尿道口相當接近，自慰時要避開尿道口，因為尿道口敏感，容易受刺激而感染或發炎。

認識自己的敏感帶

女生的身體有許多敏感帶，這些區域對於性愛和性刺激，具有高度的感知和愉悅性。**每個人的敏感帶可能略有不同，而透過了解自己的敏感帶，可以在自慰時取得性滿足，也可以在性關係中，建立開放和尊重的溝通，了解彼此的需求和喜好**。

如果把陰道比喻為一個隧道，比較敏感的地方是在隧道的上方，陰蒂、小陰唇的外部，其他部位就比較主觀，因人而異。

以下是一些常見的女性敏感帶：

- **陰蒂：**陰蒂是女性最敏感的性器官之一，位於陰部的頂部，通常由一小片皮膚包圍，直接刺激陰蒂可以引起性愛的強烈愉悅。
- **陰脣：**陰脣包括外陰脣（外部）和內陰脣（內部），這些區域對於輕柔的愛撫和觸摸非常敏感。

- **乳頭：**乳頭是乳房的突出部分，也可以是性愛的敏感帶。輕輕地摩擦或吮吸乳頭可以帶來愉悅。
- **耳朵：**耳朵是一個敏感的性愛區域，耳垂和耳朵周圍的撫摸、輕吹或耳語可以引發愉悅。
- **頸部：**頸部是一個敏感區域，輕輕的吻、親吻和舔都可以帶來性愛的感覺。
- **背部：**背部的皮膚也可以非常敏感，特別是在背部和脊椎的周圍。
- **大腿內側：**大腿內側的內部皮膚也可以非常敏感，輕輕地摩擦或親吻這個區域可以引發愉悅。
- **腰部：**腰部附近的肌肉也可能對觸摸和愛撫產生敏感反應。

對於女生來說，適度的自慰是一種自然而健康的方式，有助於減輕性慾壓力、增進性健康、提高生殖器官的功能，以及了解自己的身體。但如果是過度自慰而影響到正常生活，則建議要諮詢身心科醫師。

我需要做婦科檢查嗎？

許多青春期女生對「婦科檢查」感到陌生甚至害怕，其實這只是身體健康的一部分。從乳房檢測到腹部超音波，都是了解自己、提早發現問題的方式。預防勝於治療，認識身體、關心健康，永遠不嫌早。

為什麼我們這個年紀要做婦科檢查？
及早發現腫瘤或成長發育異常問題。
要做哪些項目？
如果沒有性行為，做腹部的婦科超音波檢查就可以。
那如果已經有性行為了呢？
有性行為後三年，就要定期做抹片檢查。

偶爾會有家長問我，女兒在青春期階段要不要做婦科檢查？這時候在一旁的女兒，常常是一臉懵懂，表情寫滿各種疑問。

其實，不必拘泥「婦科檢查」四個字，也毋須糾結「要不要做」，因為婦科檢查也是健康檢查的一種，而健康檢查的主要意義就是「預防」，幫助我們更明白自己的健康情形，也希望及早發現身體異常，盡快找到問題與原因後解決。

婦科檢查的對象是女生，是針對女生身體所安排的檢查專案。對於生理機能正常的女生而言，因為與生俱來有孕育生命能力，所以婦科檢查項目主要以乳房與生殖系統為主。

青春期的女生可以做婦科檢查，但不需要「定期」做，只需要檢查基本項目，確認成長發育與生理結構正常即可。除非已經察覺身體異常，例如，月經不來、經期不規律等，或是知道問題與原因，例如，在經過醫師診斷後，知道自己是多囊性卵巢症候群，就要定期檢查並且配合持續追蹤，多留心身體各種變化。

乳房自我檢測

根據衛福部所公布資訊，乳癌長年高居台灣女性癌症榜首，同時國際醫學研究的實證結果也顯示，乳房 X 光攝影能提早發現乳癌，並且改善預後情形（根據病患現況推測未來治療結果），因此乳房檢查列入婦科檢查重點項目。常見乳房檢測方法包括：乳房自我檢測、乳房 X 光攝影，以及乳房超音波檢測。

對青春期女生而言，可以安排每個月生理期開始的第 5 天到第

7天，自我檢測乳房。只要把握看、觸、臥、擰四個要領、掌握手指併攏的指法，並且鎖定範圍在鎖骨下方、肋骨下緣、兩側腋下，以及胸骨中線範圍，在家就可以進行。（見Q16）

腹部超音波檢查

許多婦科檢查，都會配合醫學超音波診斷技術。這是應用音波傳導原理，音波在發射後，會觸及人體內各種組織，因為這些介質的密度不同，所以會有部分能量被吸收、部分能量被反射，這些被反射的能量經由儀器的探頭接收後，會轉換成訊號顯像在螢幕上，最後再由醫師根據影像結果做判讀。

常見婦科超音波檢查，主要包括腹部超音波檢查，以及陰道超音波檢查兩種。對於沒有性行為的青春期女生而言，建議選擇腹部超音波檢查即可，除非資訊無法判斷，才會評估是否進一步做陰道超音波檢查。但是如果已經有性行為，則開始性行為後三年，必須定期做子宮頸抹片檢查。

這麼做的理由主要是因為，人類乳突病毒（Human papilloma-virus, HPV）已被證實與子宮頸癌具有高度相關，雖然僅有少數比例的感染者會發生癌變，但是由於初期症狀不明顯、病程演變時間長，加上性行為又是主要傳染途徑，因此必須提高警覺及早防範。

預防醫學的關鍵在「提早發現」

過去曾有青春期女生，因為做婦科檢查而發現腫瘤，畸胎瘤（Teratoma）是很常見的例子。**畸胎瘤可能在出生時就存在，直到童年或成年後才被發現；**畸胎瘤好發於卵巢等部位，由於生長緩慢不易察覺，隨著逐漸分化、變大，因為腹部悶脹疼痛等不適而就醫，或是因為婦科檢查才被發現，大都手術治療處理。

所謂的「預防醫學」，就是「預防勝於治療」的概念，女生除了照顧健康，也可以配合婦科檢查等方式，做好預防保健並且降低疾病發生。即便做了婦科檢查而發現異常，也可以發現問題、找出原因，進而把握黃金治療時間，透過醫療方式及時處理，避免不必要的遺憾。

Q21

女生私密處不舒服，該看哪科？

泌尿科不只照顧男性，許多女性常見的排尿障礙、尿失禁、子宮膀胱脫垂等問題，也都需要泌尿專科介入。特別是像間質性膀胱炎這類慢性疾病，若誤判為單純感染，反而延誤治療時機。

請問醫師，原來……
女生也可以掛泌尿科？
可以，泌尿科不只看男生的泌尿問題，女生也有泌尿問題。
那有女的泌尿科醫師嗎？
也有女的泌尿科醫師。不過，我是男醫師喔！
哦～我以為……
XD…
顧芳瑜
顧芳瑜

有些人以為泌尿科是專門看男生患者，實則不然。泌尿科也會處理婦女泌尿問題，像是排尿障礙、子宮脫垂、尿失禁等問題。

其中，**在女性泌尿有一個比較特別的疾病是「間質性膀胱炎」，屬於慢性膀胱炎，**症狀是排尿會疼痛、頻尿等，有些女性誤以為是一般尿道發炎，通常會先到婦產科求診，但反覆的泌尿道感染，排除細菌感染的問題後，可能是膀胱本身的問題，而非單純細菌感染。

上述慢性膀胱發炎問題，建議轉診到泌尿科，泌尿科儀器有別於婦產科，包含超音波、X 光及膀胱內視鏡，可以進一步對膀胱進行檢查。

泌尿科不只看排尿問題

其實，泌尿科可以分為好幾個次專科，一個是專做癌症，像是腎臟癌、攝護腺癌，也有針對結石類，像是腎結石、膀胱結石、尿道結石，或者是器官移植類，如腎臟移植，以及小孩泌尿問題，像是隱睪症、尿道下裂、包皮過長等。

隨著超高齡社會即將來臨，男性年長者隨著年齡增長，伴隨而來的泌尿問題多是攝護腺肥大，因此，另外一個泌尿科處理的大宗，即是排尿障礙，也包含因男性攝護腺肥大所引起的情況。

顧醫師本身是專精於男性學，男性學處理的疾病，包括男性不孕症、性功能、無精症等與生殖相關問題，也會處理到許多性病相關的問題。

性病傳染的位置不同，看診科別也不一樣

在診間有時會遇到一種狀況——有些患者以為，凡是私處的傳染病，就是要來看泌尿科；我曾遇過一位女性患者，其實是陰道感染性病，應該前往婦產科就診；也有患者因為肛門長了菜花，卻誤跑來泌尿科求診。要特別提醒，**性病依發病部位不同，所需的檢查儀器與處置方式也會有所差異，因此建議應轉診至對應的專科，由適當的科別進行診治。**

另外，顧醫師考量到診所中有不少性病患者，同時在生殖器與肛門等不同部位發病，為了讓患者能更方便地接受完整治療，特別邀請大腸直腸科醫師駐診，由不同專科醫師共同合作，提供性傳染病的整合照護。

婦科與產科的專業分工

至於婦產科，包括婦科和產科，婦科的治療項目，包含婦女不孕、陰道、子宮及卵巢，一般婦科腫瘤手術、子宮脫垂、婦女更年期治療等。以及婦女泌尿問題，包含尿失禁、排尿障礙、子宮、膀胱、陰道脫垂等病症。產科，則包含胎兒學、周產醫學、發育生物學，產前遺傳學等跟生殖醫學有關的專科。

有鑑於近幾年來不孕症的人口愈來愈多，許多婦產科醫師會專職生殖醫學，如王醫師除了擁有婦產科專科醫師資格，也具有人工生殖技術施術合格醫師資格，為許多被不孕症困擾的女性創造一線「生機」。

第三章

讓男孩安心走過青春期的每一步

Q22

青春期的男生，身體會怎麼變？

青春期男生的身體會出現一連串變化，從睪丸體積增加開始，接著是陰囊變化、陰毛生長及聲音低沉，這些都是第二性徵出現的標誌，也代表生殖系統正逐步走向成熟階段。

兒子今年上國一後，常常躲在房間內不出來。
身體外觀上有什麼變化嗎？
聲音變粗了。
進入青春期，可以觀察看看他的第二性徵發育狀況。
國小就自己洗澡了，怎麼觀察？
建議爸爸陪兒子聊一下。
我是單親媽媽……
嗯....

男生在青春期會因為體內分泌男性荷爾蒙，導致身體發生明顯變化，包括陰莖、陰囊與睪丸等生殖器官發育，以及聲音與陰毛等第二性徵出現。

你可能會感覺到，身體的新陳代謝變得比較明顯，可能是油脂分泌變得旺盛，或是容易出汗，汗水也比較有「味道」等，這些都是很正常的現象。相對於體內所分泌的男性荷爾蒙，目前有些研究指出，人體外也會散發出費洛蒙來吸引異性，像是男生的腋下部位或汗水成分裡，但目前也只是尚未定論的假說。

青春期是兒童期到成年期的一個過渡時期，舉凡體格、性徵、心理等身心方面都會發生明顯變化，青春期是人體生長發育是繼嬰兒期後，出現的第二個高峰，而**青春期的開始，除了生殖器官快速發育，就是第二性徵的出現**。

一般正常男生的青春期發育，在 9 歲後，因大量分泌男性荷爾蒙，開始第二性徵的出現，其中以睪丸發育為開始，長軸大於 2.5 公分或體積大於 4 毫升，接著，陰囊色素及皺褶會加深。

聲音低沉與身型轉變

男生進入青春期最明顯的改變是：聲音變粗跟變低沉，也因為喉頭甲狀軟骨發生變化，左右兩塊方形軟骨構成的夾角變小，向前突出，形成喉結，變得明顯突出。由於喉頭的前後徑變寬，聲帶同時加長加寬，所以發出的聲音也會變粗、變低沉。

身型方面，骨骼受到荷爾蒙的刺激，身高會長高，體重、肌肉量會增加，男生的體形普遍較女性高大，肩膀及胸廓變寬，呈現倒三角形的身材。

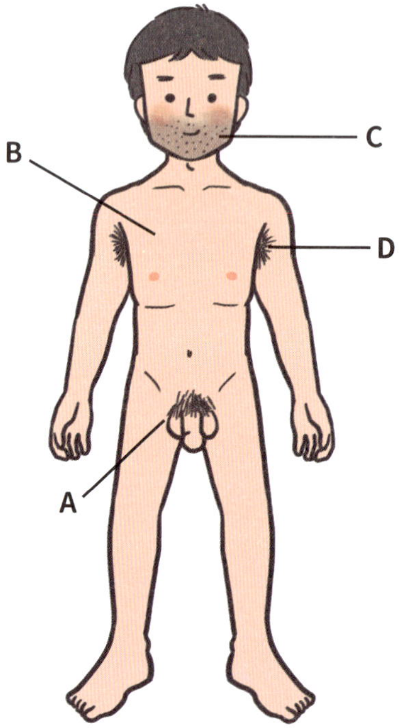

青春期的男生第二性徵發育順序
A. 睪丸開始變大
B. 肩膀及胸廓變寬， 呈現倒三角形的身材
C. 臉上會長鬍鬚
D. 腋下及會陰部長出毛髮，有些男生荷爾蒙分泌較為旺盛者，胸部也會有毛髮

體毛變化與陰毛的功能

接著，受到荷爾蒙的刺激，臉上長出鬍子，胸部、會陰部長出

毛髮，以及腋下也會長毛，稱之為腋毛，下肢的毛髮也變長變密，這些毛髮會較汗毛來得粗且捲曲。

陰毛的存在意義，最主要以保護功能為主，可以保暖、避免受傷、降低摩擦、減少乾燥等。再就演化方面來看，人類曾經歷冰河期，保暖是非常重要的事，重要器官因為毛髮覆蓋而被保護，個體也可以避免失溫而導致生命滅絕。尤其陰毛主要是保護生殖器官，攸關生命延續重責大任，可能也存在演化意義。

會陰部的毛髮通稱為陰毛，通常是捲曲且蓬鬆，有如彈簧與避震器的功用，像是在性行為中，皮膚較不會直接相互碰撞，可減少陰部的傷害。

早期人類赤身裸體，尤其陰莖龜頭相當細嫩，即便有包皮包覆，相對身體皮膚仍較細嫩，所以濃密的陰毛也有保護陰莖龜頭的作用。

此外，陰毛還有調節溫度跟氣味的作用。像是小便後，會有異味，陰毛可以調節味道跟濕度，就像鼻毛一樣，鼻子吸入冷空氣，冷空氣先經過鼻毛，鼻腔就不會感到太冷的原理。

陰毛是身體發育的正常現象，青春期男生比較少像女生可能因為愛漂亮，或是容貌等因素考量，而與同儕討論除毛問題。你不一定要除毛，但是絕對要注意私密處的清潔與乾燥，洗澡後務必要擦乾，避免發生溼疹或皮膚炎等病症。

Q23

夢遺是怎麼發生的？

青春期後，夢遺可能一週出現數次，也可能很少發生。這是由精液累積與神經反應引起的自然排出，屬於常見的生理現象。

早上醒來，褲襠溼溼的，我是不是尿失禁了？
緊張~
你現在幾歲？
我是國中生，14 歲。
那應該不是尿尿，顏色是？
沒看清楚，內褲趕快拿去洗了。
原来如此…
呃，不要太擔心，那應該是正常的生理現象。

大家普遍知道，女生在青春期後會開始月經，其實男生也有相對應的生理現象，稱為「夢遺」。夢遺沒有固定的週期，有時在青少年之間會被戲稱為「畫地圖」。

進入青春期後，男生的生殖器官開始產生精子，攝護腺與精囊也會開始分泌精液。當精液在體內累積至一定程度，有時在睡夢中因自主神經興奮，或是下體受到摩擦，體內的精子與精液便會經由尿道排出體外。**由於這種情況多發生於快速動眼期的夢境中，因此被稱為「夢遺」。**

夢遺是男性在青春期後常見的正常生理現象，可能由含有性內容的夢境引發性衝動，也可能僅是單純的生理性刺激所致。無論原因為何，夢遺對身體本身並無害處。

男生的夢遺和女生月經的成熟象徵一樣，但是夢遺沒有循環週期，相較於女性月經的週期，夢遺通常發生得較短且頻繁，但並不會每天出現。多數情況下，可能隔幾天才會發生一次，屬於不具規律性的生理反應。

夢遺頻率與健康無關

問題來了，醫師的診間就常被問到，「如果都沒有夢遺了，是不是性功能有問題？」「夢遺太頻繁了，是不是性慾很強，心理變態？」

在這裡告訴大家，夢遺並不是判斷健康與否的指標。年輕男性出現夢遺的情況較多，主要是因為青春期期間性荷爾蒙分泌旺盛，夜間勃起的頻率也較高。有時甚至在白天小睡後，如午休時，也可能出現夢遺情形，醒來時發現內褲濕濕的。**勃起是副交感神經興奮，帶動交感神經射精，夢遺的現象是因為這些神經的作用，與疾病或性能力沒有直接關係。**

有時候，便祕、俯臥壓迫下體，或前一晚吃太多流質食物或喝太多水，導致膀胱脹滿，壓迫到生殖器，甚或是龜頭受到刺激等因素，都有可能增加夢遺的機會。

夢遺的現象因個別差異性大，不管是沒發生夢遺或常常夢遺，都不是身體上的疾病，不會影響健康。

Q24

精子會被用完嗎？

在青春期男生之間，「精盡人亡」的說法時有所聞，多與自慰或射精次數有關。這類詞彙經常出現在非正式的對話中，反映出對身體變化的好奇與未經查證的傳聞流通情況。

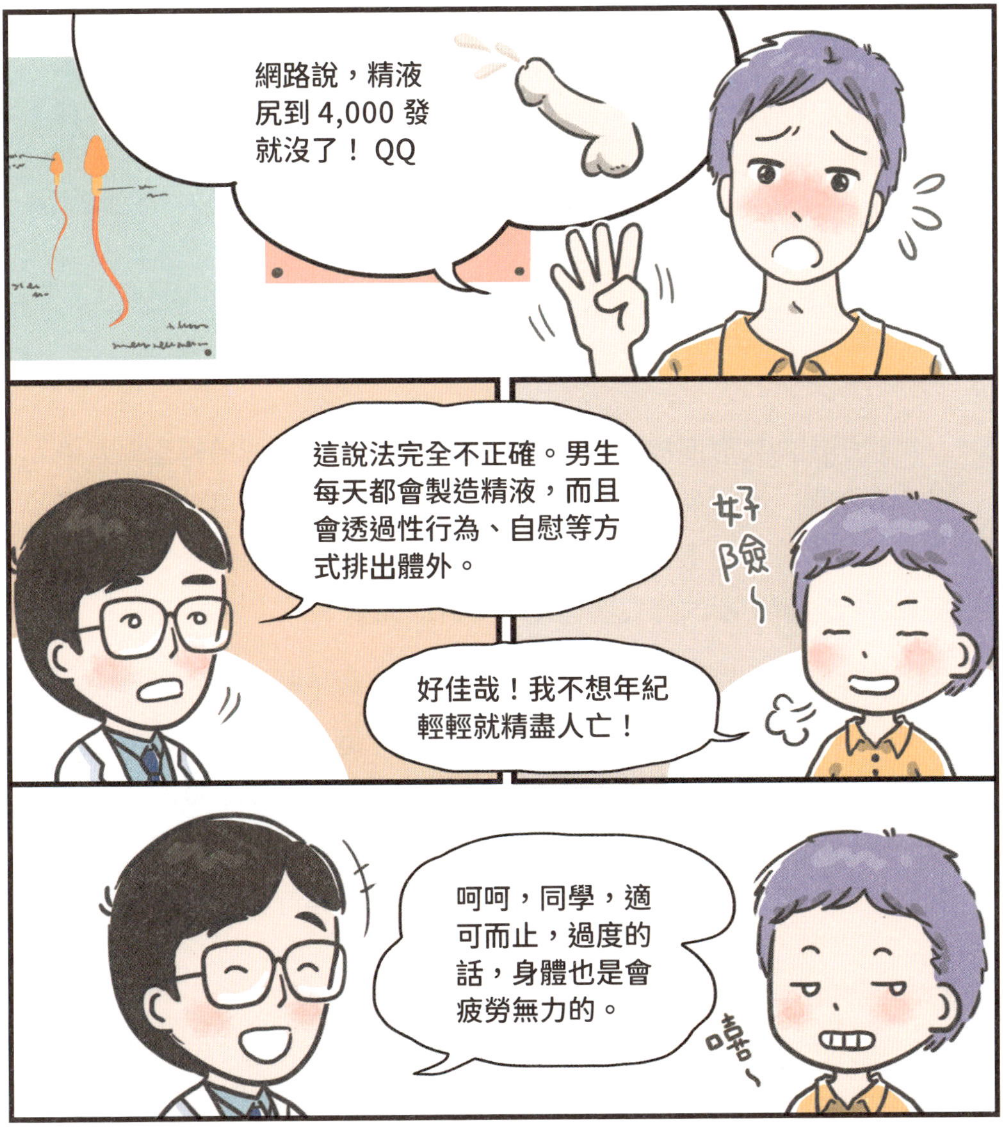

網路說，精液尻到 4,000 發就沒了！ QQ
這說法完全不正確。男生每天都會製造精液，而且會透過性行為、自慰等方式排出體外。
好險～
好佳哉！我不想年紀輕輕就精盡人亡！
呵呵，同學，適可而止，過度的話，身體也是會疲勞無力的。
嘻～

網路上有很多都市傳說，尤其是社群媒體發達之後，有關於性方面的各種傳說就在男生之間更廣為流傳了。

許多青春期的男生，血氣方剛，喜歡自己 DIY，於是就有了 DIY 過度，導致精盡人亡的傳說，當然有一些誇大的成分在。

首先，要知道，**精液是男性射精時的混合體液，成分包括精子與水，以及其他有糖分、前列腺所產生的蛋白質前列腺素與多種酶**。所謂精盡人亡的精，指的就是精子（或稱精蟲）。但精子有這麼快就窮盡的嗎？

精子的製造過程

精子因為外形而被暱稱為「蝌蚪」，精子的形成過程是睪丸中的生殖細胞，經分裂後成大量的精原細胞，精原細胞再分裂為初級精母細胞，一直分裂為次級精母細胞，次級精母細胞再分裂成精細胞後，在經過不斷的分裂過程後，終於形成精子。

精子主要由頂體、細胞膜、細胞核、具精子特徵性的螺旋狀粒腺體，以及鞭毛所構成。睪丸的生殖細胞經過多次分裂而變成的精子，會從細精管，輸送到副睪丸，沒有射精的話，經過 60 天左右，精子老化後裂解為蛋白質，被身體吸收回去。如果射精的話，精子在女性體內可以存活 72 小時，生命力可說是非常旺盛。

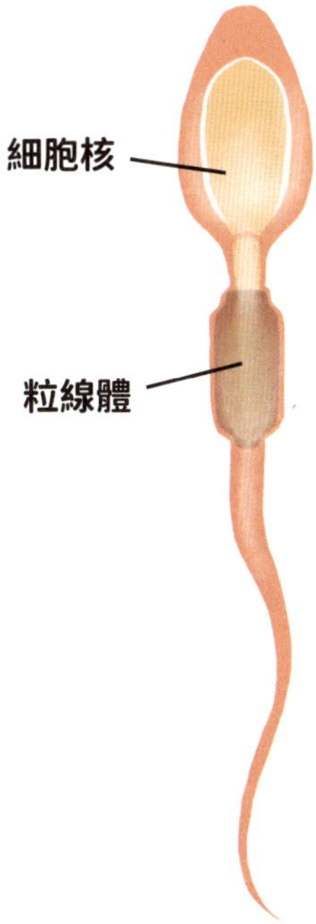

精子的外形像是蝌蚪，
由頂體、細胞核、粒腺體及鞭毛等所組成

初精可能在夢中悄悄發生

女生在第一次月經來的時候稱為「初潮」；但男生在第一次射精是不是就稱之為「初精」？

在醫學上，是否有初精未有定論。有一種說法，是男生的睪丸第一次分泌精子，或是第一次射精就稱為初精，初精的年齡也不容易判斷，有時候是晚上睡覺時可能就不知不覺地從龜頭流出，像是夢遺，但如果量不大，往往會被忽略，初精的成分跟一般精液並沒有太大的不同。

男生也有生育的黃金時期

女性有適合生育的年齡，在台灣，34歲以上就會被定義為高齡產婦，但我們好像很少聽到男性生育的上限？甚至還有新聞報導，某某名人，70歲還是一尾活龍，還能讓女性受孕。

不過，考量生育風險及胎兒健康，父母養育年齡的準備度、合適度等因素，**政府鼓勵女性於25至35歲間完成生育，男性則是40歲以前**，女性高齡會有流產、死產或胎兒異常的機率增高，男性生殖能力也會隨著年齡的增長而下降，英國醫學期刊發表的研究就發現，45歲以上的男性會增加配偶罹患妊娠糖尿病的機率。

換句話說，正常情況下，男生每天都會製造精液，並透過性行為、自慰等方式排出體外，就算排精過量，也不會有用完的一天，頂多只會感到身體疲勞、無力，但絕對不會也精盡人亡的事故。

即使不會隨著年齡有精盡的現象，但會隨著年齡增長，精子變少變稀，品質也會下降，與卵子結合後的受精卵，胚胎異常的機率也會增加。

Q25

該不該割包皮？

包皮是否需要割，常讓人感到拿捏不清。其實，關鍵不在於長短，而在能否清潔乾淨，是否影響生活或造成發炎等問題。有些情況如包莖，可能就需要醫師介入處理。

鳥醫師，我兒子今年國小五年級了，但都不太會清洗自己的雞雞……
小五了，可以請爸爸教他怎麼清潔。
可是，我覺得我老公自己的也不是很乾淨……
這樣啊……那是不是考慮爸爸跟小孩一起來割包皮？
可以喔，兩個人手術費有打折嗎？
……

百貨公司有週年慶和母親節檔期，是最忙碌的旺季，其實泌尿科也有自己的「旺季」。像是每年暑假，割包皮的人特別多，很多家長會趁著放假期間，帶孩子來進行手術。

不過，回想到醫師小時候的那個年代，父母不一定會帶小孩割包皮，割包皮到底有沒有必要？相信這也是許多家長心中的疑惑。

首先，在討論是否要割包皮前，我先來談一下很多網友私訊會問我的問題，那就是包皮過長是否等於包莖？

割不割包皮，關鍵在能不能清乾淨

包莖的定義很簡單，包皮要從龜頭推下來的時候是否有困難，如果沒有困難的話就是包皮過長，而不是包莖。換言之，如果是包莖的話，在尿尿或清潔時，將包皮從龜頭往下推的時候，會卡住，就稱之為包莖。

包莖的情況，想當然爾，包皮比較容易藏汙納垢，難以清潔乾淨，所以我會建議直接割包皮，但如果只是包皮過長，就不一定要割包皮。

要不要割包皮的考量在於「衛生問題」，也就是能否可以將包皮清潔得乾淨。我在幫小朋友割包皮的時候，就會發現很多小朋友的包皮已經不乾淨到有「包皮垢」的現象了。

包皮也會藏垢，不洗就會堆起來

試想一下，臉部如果毫無遮蔽，每天接觸灰塵、汗水與各種汙染物，卻從不清潔，久了分泌物和皮屑堆積，看起來自然會黃黃的、髒髒的。

同樣的道理，包皮也有毛囊跟皮脂腺，也跟臉一樣會長痘痘，**如果每天沒有清潔乾淨包皮，雖然有衣褲遮蔽，但皮屑加上混合的尿液，日積月累後，就會產生黃垢，稱之為「包皮垢」。**

包皮垢最常出現的地方在於龜頭或冠狀溝，尤其是冠狀溝是最常出現的地方，如果不常清潔或清潔不乾淨，可能會蓋住龜頭。

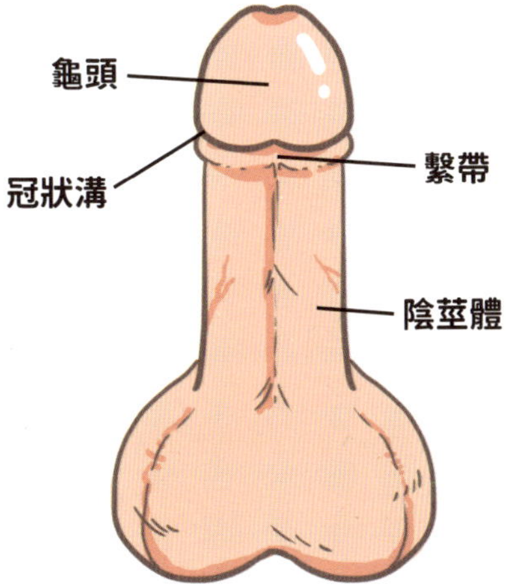

包皮垢最常出現在龜頭或冠狀溝部位

不只小孩，大人也常忽略包皮清潔

有的包皮垢累積更久，外觀看起來像是一顆腫塊，有些爸媽不明究裡以為是腫瘤，很緊張地帶小朋友來看診，經檢查後發現，其實是因為沒有做好清潔工作而產生的汙垢，虛驚一場。

小朋友可能不太會清潔自己的包皮，久而久之就會產生包皮垢，但我在臨床上看到很多成年人也有這個問題。

因此，要做好清潔包皮的動作：**慢慢將包皮推動，如果是沒有包皮過長或包莖，龜頭露出，用一般清水沖洗，將水流沖過去即可；如果是包皮較長，就輕輕地將包皮往下推，露出龜頭，以清水沖洗或者是使用中性的肥皂清潔即可**。

但不建議使用清潔力較強的洗沐用品，將有保護功能的皮脂洗掉，反而造成包皮或龜頭發炎，一般會建議用中性的洗沐用品或溫水清洗就好了。

我也曾遇到有點潔癖的網友問，如果是用有酒精成分的清潔劑可以清洗包皮嗎？這個就相當不建議了，因為龜頭上有黏膜，酒精的清潔劑或保養皮會刺激到黏膜，也可能造成龜頭發炎。

有些家長擔心比較小的孩子不會自己清潔包皮，而產生包皮垢，於是親自幫忙推包皮清洗。如果孩子覺得痛，有些家長會用清潔力較強的產品「一次洗乾淨」，覺得這樣就不用天天清潔。

其實，此時孩子皮脂分泌還不太旺盛，通常只要用棉花棒沾水，從尿道口繞一圈做簡單清潔的動作即可。

衛生能顧好，不割也可以過得好

前陣子看到一則中國的新聞，有一名 12 歲男童自己在家用一根棉線自學割包皮，沒想到造成包皮撕裂傷，大出血，緊急送醫動手術才挽回「命根子」。

真的是無奇不有啊，如果還是決定要割包皮的話，醫師要提醒大家，千萬不要自己動手，一定要交給專科醫師。

由於割包皮後，需要照護傷口一個月，有些人會覺得麻煩，所以不是每個人都可以接受割包皮。如果可以每天可以好好清潔，不會導致感染發炎，對生活不構成困擾，那就不必動手術挨一刀。

所以，**割不割包皮是因人而異，取決在於自己**，但在小時候被父母直接帶去割包皮的，雖然不是自己的決定，也沒有不好。

總之，別因為懶得清潔或清潔不徹底而導致感染。包皮並不是一定要割，但如果有包莖的情況，或是不想每天清潔，只要術後能好好照顧傷口，經由醫師處理，就可以一勞永逸了！

Q26 我的雞雞，會不會太小、太彎、太不一樣？

陰莖的大小、形狀與角度，常常成為青春期男生偷偷在意的焦點。有些人覺得自己不夠長，有些人則擔心彎曲太明顯，這些差異讓不少人懷疑自己是不是「不正常」。

顧醫師，每次跟同學一起尿尿時，都會有壓力……
好煩哦!!
為什麼？
同學都一直盯著我的下面看，還一邊竊笑，難道是因為我的雞雞太小？
小ㄐㄐ
……

男性在成長過程中往往較具競爭意識，成績或表現未必能時時領先，但對於與生俱來的身體特徵，尤其是外生殖器的大小，有些人會因此產生某種優越感。

陰莖大小真的是診間最被常問的問題之一。這不僅是青少年到成年人都很在意，連家長都會帶著小朋友來看診問：「小孩沒有割包皮，雞雞是不是會比較小？」

這些家長恐怕是聽到坊間傳說：割完包皮後，陰莖變長了？!

陰莖大小和有沒有割包皮無關

首先，要澄清的是，**雞雞的發育或大小，跟有沒有割包皮「完全沒有關係」**！大家可以思考一下，陰莖在發育過程中，包皮也會跟著發育，所以沒有所謂包皮會影響陰莖發育的迷思。

其實，這只是視覺的效果啊！因為沒有割包皮前，有些雞雞是沒被看到，所以你會覺得它很短，但把包皮割掉後，視覺上看起來好像是雞雞變長了。

解開許多家長的迷思後，再來要釐清的是，這裡講的陰莖大小是指「未勃起」的長度，因為「勃起」後的長度現實中很難去測量。應該沒有人在這個關鍵時刻，拿出一把尺來量，做這種煞風景的事？

依據醫師割包皮的臨床研究下，國人陰莖長度大約平均落在 10.5 公分，但有其他醫師的研究是在 11.5 公分。因此，綜合考量，國人陰莖長度大概落在 11 公分上下。

有些男生的陰莖部分會被下腹部的脂肪包覆，這也是為什麼體型較胖的男生，有時會被誤認為雞雞比較小。有些家長甚至會因為這樣的視覺印象，帶著小學年紀的孩子來診間詢問是否陰莖過小。

過小的陰莖其實很少見

所以，該如何測量自己的雞雞大小？有以下步驟：

1. 用手將陰莖旁的脂肪，往陰莖底部往下推。
2. 往下推後會摸到硬硬的地方，那是恥骨的部位。
3. 從恥骨的根部開始量起，才是陰莖真正的長度。

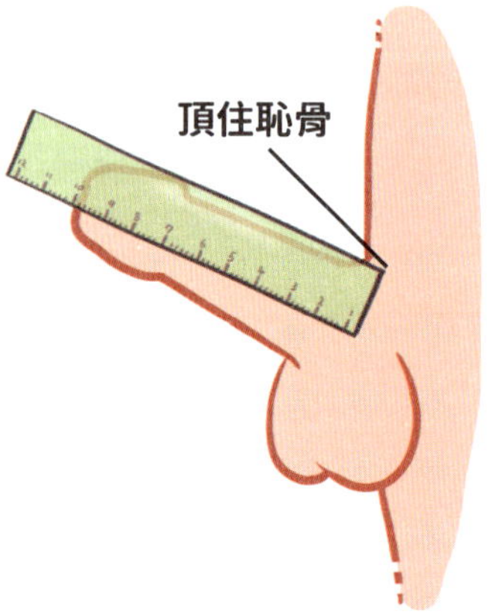

從恥骨處開始量，才是陰莖實際的長度

在台灣，根據男性學醫學會建議，**若陰莖在勃起前小於 4 公分或勃起後小於 7 公分建議向泌尿科諮詢**。除了測量長度，也會抽血檢驗生長激素及男性荷爾蒙濃度，大部分的原因不明，但是認為可能跟遺傳性的疾病有關。

此外，部分的病人可能有男性荷爾蒙分泌的障礙，原因通常是腦下垂體的發育出現問題。除了陰莖短小，可能同時伴有荷爾蒙分泌的問題，導致大腦神經發育受損而產生認知功能障礙或是發育遲緩等。

所以，如果是確認荷爾蒙引起的陰莖短小，可以使用荷爾蒙補充方式來刺激生長發育。手術的角色比較不大，因為無法真正增加長度，而是做外觀上的改變，讓外觀看起來好像比較長。

根據統計，**全世界陰莖短小的發生率大約是 0.6%，可以說是微乎其微**。如果懷疑自己或孩童有以上的情況，可以就近到泌尿科診所檢查。

陰莖太大，也可能成為困擾

事實上，醫學上並沒有太長的定義，但醫師在臨床上則是有遇到幾個案例是因為太長及太粗，導致在發生性行為時，造成伴侶有太痛的感受，反而造成生活上的困擾。

根據統計，女生陰道的長度平均約 7 公分，也就是說，男生的陰莖在勃起時有 7 公分就已足夠，何況台灣的男生未勃起前就平均有 10 公分了，所以不必擔心雞雞不夠大。

由於陰莖沒有縮小術，所以只能藉由其他方式，來減少在性行為過程中的疼痛感，像是調整姿勢或增加潤滑劑來減少疼痛感。

從這個例子來看，現實生活中，陰莖既長又粗並不是最好，多數男生都是被色情片洗腦，以為要粗跟大才是最好，所以會來診間求診如何增大？我認為，只要性生活和諧，絕大多數男生的陰莖是正常大小，不要有不必要的焦慮。

天生歪一點，其實很多人都一樣

除了陰莖大小，有時候，男生也會在意陰莖角度的問題。正常的陰莖並非真的完全是直的，或多或少有一點點彎曲，海綿體在發育時的時候幅度有一點小彎曲，絕大部分都是正常現象，如果沒有造成性伴侶的困擾，完全不需要治療。

雖然有不少人說，上彎才是極品。的確，某些不影響性生活的陰莖彎曲，有人認為反而能在性行為時刺激到特定敏感區域。然而從醫學角度來看，**陰莖彎曲往往與海綿體內產生硬結有關，這些硬結會在勃起時造成陰莖明顯彎曲或扭轉，進而影響插入的順利程度，甚至導致性行為困難。**

首先，我們來談談，為什麼會雞雞歪歪？

1. 就像個性很難搞，是與生俱來的一樣，有時候雞雞歪歪的原因很簡單：先天的，因為老天跟你開了一個玩笑。

2. 陰莖曾經受過外傷，也可能造成彎曲。陰莖的海綿體外層包覆著

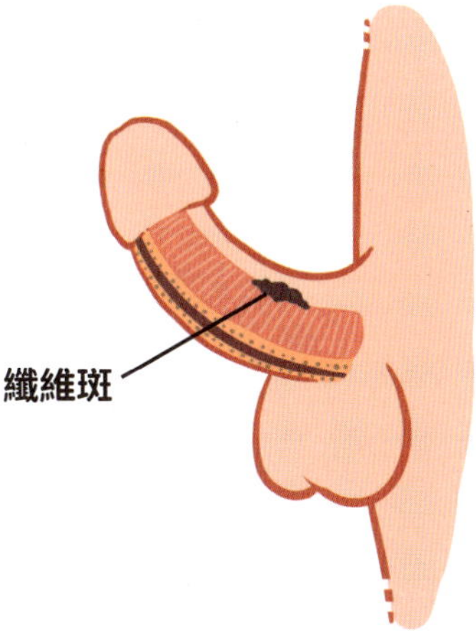

陰莖產生纖維斑會導致陰莖彎曲

一層稱為「白膜」的結構，若因傷害導致這層白膜局部變硬或產生纖維化，兩側延展性不一致，就可能在勃起時造成陰莖彎曲。

3. 可能罹患佩羅尼氏症＊，在受到後天抽菸和輻射的影響，海綿體發炎成纖維硬塊使陰莖彎曲，需要進行治療。所以在這裡提醒青少年朋友，不要覺得抽菸很帥、很酷，有可能會讓你變得雞雞歪歪的哦！

彎曲太誇張，真的需要開刀矯正

人家是閱人無數；我是閱「鳥」無數。

＊ 佩羅尼氏病，或稱纖維性海綿體炎，是一種涉及陰莖纖維斑塊生長的結締組織病。

我曾在幫病患割包皮時，發現患者的陰莖是呈現螺旋狀，像麻花一樣，所以包皮會有皺褶的現象；臨床上治療過陰莖勃起時，是呈現「問號」或往下彎的形狀，無法進行性行為，像這樣的現象，就必須透過開刀治療進行矯正。

醫師建議大家，**如果彎曲角度沒有超過 30 度，或者是有點彎又不會太彎的狀況，沒有造成性生活上的不便，不要過度緊張。**

但是，如果還是擔心自己雞雞歪歪的症狀，可能影響到性生活或已經實際上影響性伴侶的話，建議要預約泌尿科醫師問診，尋求最佳解決辦法，通常透過簡單矯正手術就能改善。

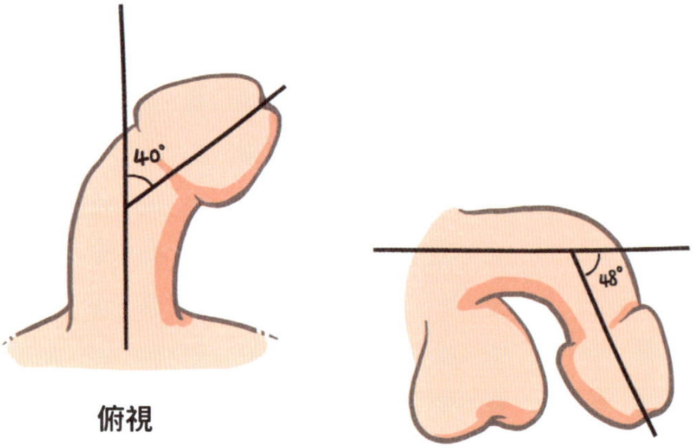

俯視

側視

陰莖彎曲大於 30 度，建議考慮手術治療

Q27

運動能讓小弟弟變大嗎？

陰莖的大小一直是男性在意的焦點，從偏方、手術到運動，說法眾多。有人相信運動能讓小弟弟變大，但真實改變的，是陰莖本身，還是整體體態與視覺效果？

運動能讓讓小弟弟變大嗎？
運動主要是改變體態造成的影響。
???
哪些運動可以改善體態呢？
選擇自己喜歡的，任何運動都行。
只要能達到效果的運動都行？
沒錯！就是維持體態不過胖。

「大」比較厲害？「粗」比較強壯？洋人比較威猛？相信這個迷失在許多男生心中存在已久，不少人擔心「尺寸」不如人就「矮一截」，甚至為此患得患失，變得自卑沒有信心。長時間以訛傳訛，導致錯誤觀念根深柢固，身為專業泌尿科醫師，我想誠懇的說句公道話：「尺寸，真的不影響功能！」

客觀就統計數字來看，外國人的陰莖尺寸確實比較大，但這也只是統計過後的平均值，主要還是因為「人種」不同所造成的差異。陰莖的主要功能是勃起與排尿，與分泌荷爾蒙無關，不會影響生理功能。尺寸問題只是個人心理作祟，實在沒必要在這方面多費心思，追求「大」是沒有意義的。

影響陰莖尺寸的因素，最主要還是來自天生的遺傳。男生過了青春期已經發育成熟，陰莖尺寸就不會改變。大約小學六年級至國中或高中階段正值青春期，這段期間家長要特別留意孩子的身體變化，避免基因問題或荷爾蒙分泌異常影響成長發育。如果能及早發現荷爾蒙分泌不足，可以透過補充方式做改善。

如果陰莖未勃起長度小於4公分、勃起長度小於7公分，可能就要擔心是不是太短，但其實多數自己覺得「太短」的人，經過診斷後往往尺寸正常。

陰莖太短可能是因為肥胖

處理陰莖太短問題時，首先會釐清是「包莖」或「包埋式陰莖」問題。包莖發生在青春期之前，因為頂端包皮窄影響陰莖露出，家長可以徒手將包皮下推，一段時間後就能解決問題。但是如果到了青春期未見改善，甚至影響勃起時龜頭無法露出，必須評估是否要做手術割包皮。

有時候陰莖太短，是肥胖導致的結果。肥胖者常常會發生包埋式陰莖的困擾，因為肥胖，導致身體下腹部囤積過多脂肪，因而擠壓包皮向外推形成皺褶，致使陰莖藏匿於皮下脂肪裡。外觀上很明顯陰莖短小，甚至用手觸摸包皮也可能感受不到陰莖存在。

肥胖造成的包埋式陰莖問題，解決之道是從問題根源著手，也就是減重。可以根據個人健康情形，配合飲食控制與減重計畫持之以恆，讓身體逐漸回復標準體態。也可以借助外科抽脂手術，移除下腹部過多脂肪，術後再輔以束帶幫助止血與恢復，幫助陰莖回復應有的外觀。

割包皮不能讓陰莖變長

家長常有疑惑：「割包皮會不會阻礙陰莖發育？」也有人語帶玄機問我：「割包皮可不可以『一兼兩顧』順便讓陰莖變長？」其實這些都是錯誤觀念。

醫學上所稱陰莖長度，是測量恥骨到龜頭之間距離，割包皮是切除陰莖頂端皮膚，也就是包皮，來讓龜頭外露的方法，與陰莖長短沒有關聯。（見 Q26）

臨床上的確可以施予手術，改變陰莖尺寸「變粗」或「變長」。變粗的做法，主要是放進填充物，依據材質特性、配合需求做選擇。變長的做法，常見抽脂手術或切除懸韌帶。懸韌帶是連接陰莖根部與恥骨之間的韌帶組織，主要功能是強化陰莖穩定與牢固，切除後少了「拉力」的約束，陰莖也就「釋放」而變長了。然而手術都有風險，術前要諮詢醫師審慎評估再做決定。

而許多道聽塗說的坊間偏方、口耳相傳的竅門，大都是穿鑿附會、毫無科學根據的無稽之談。至於鄉民之間流傳「運動會讓小弟弟變大」，也是錯誤觀念。運動能改變的是體態，當肌肉結實了，自然身形比例好，視覺效果就有可能更長、更大。可以選擇自己喜歡的運動，持之以恆、堅持到底，配合食、衣、住、行各方面建立生活好習慣，照顧自己的身體更健康。

Q28 精液偏黃、偏紅、像果凍，是正常嗎？

精液偏黃、偏紅、像果凍，是不是就代表身體出問題？顏色、質地的變化常讓人緊張，但這些變化背後，有些其實是正常現象，有些則可能藏著感染或泌尿問題的訊號。

烏醫師，我的「豆漿」顏色怪怪的？
哪裡怪？
看起來像是黃色的。
有可能是混合到尿液。
我以為是白色的才正常？
如果是只有一點黃色，沒有其他異狀，就不用太擔心。

正常的精液顏色是透明、略帶白色或灰白色，有些人將精液形容成「豆漿」，因為豆漿是米白色的濃稠狀液體。**精液是由 5% 精蟲（精子）、95% 精漿組成，前者是睪丸製造，後者則是攝護腺、副睪丸、儲精囊所分泌，含有少量的微量元素和蛋白質**。在某些情況下，射精出來的顏色不一定都是米白色的濃稠狀，臨床上也有人來問：「精液有帶點黃色是正常的嗎？」

精液有時候帶一點點的黃色，但身體沒有其他異狀，算是正常，這可能從尿道口出來時帶一點黃色的尿垢，記得做好清潔工作就好。

但如果是因為泌尿道或攝護腺感染，精液顏色就會比較黃一點，同時伴隨下腹部悶痛、尿尿疼痛或頻尿的合併症狀，這個時候就需要就診了。

有些患者以為自己「漏精」，因為發現下體有白色分泌物，誤以為是精液自行流出。但進一步詢問後，可能是有不安全性行為的習慣，就需考慮是否為感染淋病等性傳染病，建議盡快安排檢查釐清原因。

另外，醫師也很常被問到的是「血精」，就是射精出來的精液顏色是紅色，而紅色又分為粉紅、鮮紅，以及暗紅或棕色。

所謂的血精，通常是攝護腺黏膜受損出血所引起。由於攝護腺與射精管相連，當攝護腺出血時，血液會與精液混合，並在射精時一同排出體外。

粉紅色是輕微出血，血量較少，比較沒有關係；如果是鮮紅色的話，可能是攝護腺肥大、發炎或癌症，攝護腺或癌症這類的疾病在年輕人上比較少見。如果是尿道或攝護腺發炎的話，就必須搭配抗生素治療。**年輕人血精有可能是太頻繁自慰導致，停機一陣子就可以改善**；暗紅色的話就是舊血，也比較不必擔心。

另外的原因是尿道放置外來物造成，例如導尿管或情趣用品，都可能弄傷尿道或攝護腺，導致射精出血，解決之道是移除外來物即可。

如果射精的顏色是綠色分泌物，可能是因為細菌感染的膿，伴隨尿尿灼熱，可能是被性伴侶傳染陰道滴蟲，需要就醫檢查，透過藥物治療即可，通常 1 至 2 週會自然恢復。

除了顏色的問題，有時候精液是呈現果凍狀，這是因為精液中有部分是攝護腺的分泌物，如攝護腺不健康，精液就會呈現果凍狀，可能伴隨尿急、頻尿、排尿疼痛或尿不乾淨的感覺，大部分不會影響生育，不是到很嚴重的現象，也不必太過於緊張。如果覺得造成排尿困難，影響生活，可以尋求泌尿科醫師的協助。

Q29 兩邊睪丸為什麼大小不同？

青春期發育過程中，有些男生會注意到兩側睪丸大小、位置略有差異。這樣的變化常引起疑慮，但實際狀況與多種生理結構、循環功能與個體差異有關，是否需要留意，仍需進一步評估。

冬天泡湯會讓睪丸變大？
就像洗熱水澡，睪丸因為要散熱所以會放鬆。
那……泡湯會不會影響睪丸健康？
高溫確實會影響精蟲品質。
糟糕！我們家常泡湯會影響兒子以後不孕？
沒這麼嚴重啦！你不也生了兩個孩子嗎？

泡湯是許多人「享樂生活」的開心事，可以祛寒、加速血液循環、促進新陳代謝、強健肌肉力量，部分湯泉水質甚至能滋養肌膚。有溫泉打著「生子祕湯」噱頭，吸引不孕夫婦慕名體驗。提醒大家，慎選良好場所並且注意個人清潔，才能避免衛生問題與感染風險。

門診曾經有先生或太太問我：「泡湯對懷孕好不好？」甚至還有家長未雨綢繆，擔心經常泡湯會影響兒子的生育能力。關於這個問題，主要是探討溫度對睪丸的影響。如果聚焦男生的生育觀點，泡湯可能不是好的選擇，最主要理由是高溫。

蛋蛋多大才算正常？

男生的生殖系統，包括外生殖系統的陰莖與陰囊，以及內生殖系統的睪丸、副睪、輸精管，以及附屬腺體（精囊、前列腺與尿道球腺）。陰囊內包覆睪丸、副睪與精索，提供保護與調節溫度作用。副睪位在睪丸上方與邊緣，與輸精管連接，睪丸製造的精子會暫存在此，直到最後發育成熟。

睪丸的功能是製造精子與分泌男性荷爾蒙（睪固酮），既是生殖器官，也是內分泌器官。**睪丸健康與否，可以透過觸摸方式自我檢測，原則上愈大、愈飽滿、愈有彈性，相對愈健康，造精功能也愈好**。一般而言，近似雞蛋大小（略大或略小皆可）屬正常，如果像鵪鶉蛋或花生米粒大小，可能要懷疑是否異常。

睪丸異常可能是基因問題造成缺陷，也可能先天荷爾蒙分泌不足而影響，或是生理構造缺失、尚未發育導致。當發現有基因問題，未來又有生育計畫，建議存精為日後人工受孕預做準備。至於荷爾蒙分泌不足問題，則可透過補充方式來改善。荷爾蒙可能影響精子品質，但兩者之間並沒有絕對關係。

兩側睪丸大小高低都不同

罣丸在青春期前後開始發育，有些男生可能困惑，為什麼自己兩側的睪丸不一樣大。其實這是正常的，而且事實的真相是，**多數人的睪丸不但大小不一樣，就連位置也是一高一低呢！**

通常左側睪丸較小，尤其先天靜脈循環功能不佳、精索靜脈曲張的人更明顯。精索靜脈是男生精索內的蔓狀靜脈叢，主要功能是散熱，異常粗肥可能萎縮，形成精索靜脈曲張，發生率高達 15%。除非萎縮造成不孕，或是致使下腹部悶脹疼痛，否則不一定要治療，只是外觀大小不同罷了。

兩側睪丸內的血液流入精索靜脈進入腹腔後，各自再繼續匯流成右側精索靜脈與左側精索靜脈。右側精索靜脈直接連接下腔大靜脈，血流路徑較短。左側精索靜脈則是先直角連接左腎靜脈後，再連接下腔大靜脈，血流路徑相對迂迴，所以比較容易淤塞而發生精索靜脈曲張，影響左側睪丸造精功能

涼爽環境讓睪丸更健康

人體溫度大約攝氏36度，但睪丸最適溫度大約攝氏34度，比體溫低，除了體外的生理構造有助散熱，提睪肌的「熱脹冷縮」機制也會維持溫度恆定。當環境溫度降低時，提睪肌會收縮；當環境溫度上升時，提睪肌會放鬆。天冷或洗冷水澡時，蛋蛋看起來比較小，泡湯時蛋蛋感覺相對垂墜或鬆垮，大抵就是這樣的原因。

考量生育前提下，如果要泡湯，建議選擇冷泉較佳。**睪丸「宜冷不宜熱」，偏好涼爽環境，溫度過高會影響精子品質，不利受孕**。臨床上處理「不孕」問題時，有時會建議泡「冷水」降低睪丸溫度，以提升精子品質，增加受孕機率。

溫度、基因、疾病、荷爾蒙等因素，都可能影響睪丸的造精能力與生理功能。此外，作息不調、不當的飲食（例如吃進過多自由基或過度調味的食物），以及不好的生活習慣（例如抽菸或飲酒）等，都會造成危害。為了健康著想，必須從日常做起，建立良好生活態度。

Q30

睪丸被撞到，忍一忍就好嗎？

從打鬧玩笑到運動場上的衝撞，睪丸受傷在青少年男生中並不罕見。當下可能只是瞬間刺痛，表面看來無礙，實際上卻可能導致腫脹、出血，甚至影響未來的生育功能，不能掉以輕心。

柱子
昨天被阿魯巴後，蛋蛋就痛到現在。
是持續的痛嗎？有沒有腫脹變大？
不會一直痛，也沒有腫脹或變大。
剛檢查是還好，記得休息再觀察。
以後我會不會不孕？
應該不至於，但這種遊戲下次就別玩了。

「阿魯巴」這個遊戲是許多男生的學生時代回憶，已經流傳無數個世代之久，卻還是不減熱度。整人的效果是達到了，但老實說還真的非常危險。撇開當下痛楚不說，很可能對生殖器官造成傷害，建議最好還是不要玩。

生活中發生睪丸受傷情況很多，除了打鬧嬉戲時的碰撞，也有人被拉鍊夾到、被狗咬傷、騎車撞到、車禍意外，或是被高速飛來的棒球或壘球擊中等。**疼痛感可能短則幾分鐘後消失，但也有人持續疼痛超過一天以上或更久，甚至受傷後幾天陸續又發現出血、瘀青、腫脹或尿尿無力等變化，必須謹慎處理。**

睪丸外傷不容輕忽

陰莖與睪丸是男生的外生殖器官，發生傷害時首當其衝。由於睪丸被包覆在陰囊裡，受到外力撞擊時除了疼痛，通常只能憑肉眼檢視陰囊外觀變化，不容易察覺內部異常，許多人可能覺得「忍一忍就過去了」。然而，如果內部已經出血或發炎，體外陰囊會逐漸產生變化，出現明顯腫脹或顏色變化等情形。

發生受傷的當下，如果是可見明顯外傷，或是伴隨劇烈疼痛，由於情況危急或疼痛難耐，普遍會直接送急診處理。一般輕微陰囊破皮或撕裂傷，簡單處理或手術縫合即可。如果傷及深層組織或發生睪丸破裂，甚至因此導致結構破壞、內容物外溢等情形，就必須先進行引流與清創處理，再做修補治療。

醫師會了解事件發生過程，並且檢查受傷部位，釐清是擦傷、挫傷或撕裂傷。同時觀察與觸診，確認有無紅腫或疼痛等症狀。必要時，會配合超音波、核磁共振攝影、核子醫學陰囊攝影等醫學儀器，檢測睪丸有無受傷、內部組織結構是否完整等。嚴重的睪丸外傷會增加不孕風險，後續都需要持續評估。

保護自己，也尊重別人

急性陰囊疼痛，指的是突發性的陰囊疼痛可能但隨陰囊腫脹的情形。急性疼痛有可能是睪丸扭轉，睪丸感染等引起的，需要盡快就醫以進一步釐清原因。進而找出原因後，給予積極治療。臨床上常見青少年打球後出現陰囊劇痛的情形，不可一味歸咎運動傷害所造成，檢查後常常是睪丸扭轉，嚴重可能缺血導致組織壞死，造成無法挽回的遺憾。

有人稱呼陰囊為子孫袋，因為內部包覆的睪丸負責製造精子，承擔生育與傳承子嗣的重責大任。一旦受傷，輕則影響行走困難，嚴重可能疼痛到倒地不起、發生休克，甚至造成不孕影響生育功能。生為男兒身，要懂得好好保護自己的身體，也要學會尊重別人，不傷害也不侵犯別人的身體。

Q31

為什麼會發生睪丸扭轉？

睪丸突然劇痛、腫脹，還伴隨想吐，常讓人誤以為是運動傷害。其實，這可能是睪丸扭轉所引起的急症，必須盡快處理。這類情況在青少年不算罕見，了解背後成因與處理時機，才能避免不必要的風險。

那天兒子在學校下腹劇痛到送急診。
檢查結果是睪丸扭轉？
醫師說是扭蛋，已經緊急做了手術。
幸好盡早就醫，後續留心照護避免感染。
這算運動傷害？
運動不會造成睪丸扭轉，我們後續再檢查是不是構造問題。

第一次聽到「睪丸扭轉」這個名詞，許多人可能誤會是運動傷害。事實上並非如此，睪丸扭轉與運動傷害無關，兩者之間也沒有直接因果關係。這樣的病例在急診或泌尿科並不陌生，而且是急症，發生的當下患者可能感覺疼痛難耐，同時又伴隨噁心與想吐等不舒服的感覺，於是緊急送醫處理。

睪丸扭轉俗稱「扭蛋」，雖然語帶詼諧，很容易與扭蛋玩具機做聯想，但其實一點也不有趣。發生時必須把握關鍵黃金時間，及時就醫做處理，因為發生扭轉後6小時內，睪丸的活性會急遽下降，這時候必須即刻進行睪丸固定手術，盡速把睪丸固定在陰囊上，才能避免因為長時間缺血而導致睪丸組織壞死，嚴重甚至必須被切除。術後要配合服藥、注意照護傷口，避免感染。

「強忍」只會加劇疼痛

正常情況下，睪丸在陰囊內並非固定不動，而是類似「吊鐘」的狀態懸掛著，輔以前、後、上、下的組織構造做固定。因此會「晃」是正常的，僅僅是日常生活中的步行動作，就可能造成睪丸原地旋轉，更不用說是激烈運動等大動作的影響了。當扭轉達到一定程度而「卡死」，就會發生睪丸扭轉。

臨床上的睪丸扭轉最典型症狀，是在單側的睪丸或腹股溝位置，出現間斷或持續的疼痛，患者可能同時有噁心或想吐的感覺。

有些人的「忍功」特強，想說「忍一忍就過去了」，然而「強忍」非但不會改善症狀，反而會愈來愈痛。不過別擔心，睪丸扭轉是可以治療的，重點是一定要盡速就醫，才不會為時已晚，影響生育功能甚至完全喪失。

睪丸扭轉不分年齡，青少年最常見

由於發生睪丸扭轉時的痛感明顯而強烈，一般普遍做法會先送急診，再轉泌尿科治療。臨床上的初步診斷，醫師會先以「手摸」的感覺為依據。這時候患者的睪丸通常會「吊很高」，也就是從外觀上，就可以很明顯看出睪丸被往上提，而且是一高一低，並且將睪丸提高反而加劇痛感（正常情況下，提高睪丸應該會更舒服）。醫師會進行睪丸超音波，進一步確認血流是否有受阻，萬一真的沒有血流就比較危急了。

部分患者發生睪丸扭轉後，直接「扭一扭」就可以巧合的「轉回去」，有些醫師甚至可以徒手復位，解除睪丸扭轉的情形。任何年紀都有可能發生睪丸扭轉，但是以嬰幼兒時期與青少年階段最常發生。根據統計結果，25 歲以下的台灣青少年，每年大約有 0.25%～0.4% 機率發生睪丸扭轉。

先天結構異常埋下隱憂

必須再次強調的是，**運動並不會造成睪丸扭轉，最主要的原因是先天生理構造缺陷，再加上機率所導致的結果**。

正常的情況下，睪丸上有精索、下有繫帶，然而有些人先天構造不完整，可能沒有繫帶，或是繫帶黏住，但卻從不自知，因為用手摸不出來，這時候如果運氣不好，就很容易發生睪丸扭轉。

睪丸在胚胎初期就已經成形，但當時的位置是在腹腔後方，直到孕期尾聲大約第 8 或第 9 個月時，才會被下方的繫帶牽引，下移至陰囊內。繫帶會固定在陰囊壁，但是如果沒有完全附著，或是發育過程出狀況，就可能導致睪丸出現異常「姿態」，發生睪丸扭轉情形。

日常生活中，要隨時留意自己的身體變化。任何異常與不舒服症狀，都有可能是健康或疾病的警訊與前兆，建議盡快就醫做檢查。如果默默隱忍導致延誤就醫，非但不能展現勇士或忍者的精神，常常只會加速病情惡化，甚至造成一輩子無法挽回的遺憾，必須謹慎處理。

Q32 男生如何做好身體清潔？

進入青春期後，男生身體的汗腺與皮脂腺分泌增加，若清潔不當，混合細菌與汗液，便容易產生酸臭體味。不只是外表清潔，私密處的清洗、修剪與肛門保養也同樣重要。

好煩惱～
常被女同學嫌臭！我明明每天都有洗澡啊！
青春期的男生因為皮脂腺汗腺分泌旺盛，確實容易會有味道。
難不成要每天噴香水嗎？
千萬不要啊，那可能會欲蓋彌彰！
那我真的只能當臭男生嗎？

盛夏時節，許多人應該都有過這樣的經驗：下課擠上公車，或人多的捷運車廂裡，總會聞到幾位男同學身上飄來的汗臭味。

醫師也曾經當過「臭男生」，明明每天都有洗澡、洗頭，經過一天的活動後，身上還是會傳來汗臭味。

其實，不能怪這些正值青春年少的男孩們，會有這些味道，無非是青春期，皮脂腺和汗腺的分泌增加，如果沒有及時清潔乾淨，混合髒空氣與細菌，經過細菌分解汗水或皮脂腺的蛋白質後，就會發出令人掩鼻的味道。

另外，腋下或跨下因為脂肪酸及蛋白質含量多，容易被皮膚的細菌分解而散發出體味。應該如何清潔保養身體呢？

男生私密處也要洗對方式

男生在私密處的清潔與保養，包括睪丸、陰莖、龜頭、腹股溝處（胯下），由於有些皺褶處，如果內褲或外褲穿得太緊，會不容易通風，而導致藏汙納垢。因此要避免挑選尺寸太小的褲型，並且要保持乾爽，而且要每天換洗內褲。

在清潔上建議不要使用沐浴乳，因為沐浴乳的清潔力太好，**過度清潔，反而容易造成私密處的皮膚或龜頭粘膜發炎或發癢**，在冬天沒有很長時間流汗，甚至每天使用清水沖洗即可。

如果是在夏天，比較容易流汗，可以兩天一次用中性的肥皂水清潔，如果要更講究的話，可以使用男性私密處專用或洗臉用的中性清潔劑。

修剪陰毛要注意刮傷

有些男生陰毛特別茂密，雖然陰毛有許多作用，可以保護陰莖跟龜頭，但過於茂密衍伸到肛門附近，未能好好清潔的話，容易藏汙納垢。

如果無法每天做好徹底清潔，有必要的話，可以進行部分修剪陰毛，像是沿著內褲外緣線修剪，不需要剃得一乾二淨，也盡量不要使用刮刀。因為，即使表面看不到傷口，皮膚表層或毛孔也可能有極細緻的刮傷，增加細菌感染的風險。

肛門清潔要確實

每次排便後，用溫水清潔或使用無酒精溼巾擦拭，保持肛門區域的清潔與乾燥，避免過度用力排便，以免造成痔瘡或裂口。

飲食上應多吃富含纖維的食物，促進腸道健康、預防便祕，適度運動，以保持消化系統暢通。適度運動也有其他好處，像是有研究發現，每天走路超過 1.6 公里及有運動習慣的男性，與長時間久坐的男性相比，「勃起功能問題會降低一半」。

Q33

在學校突然勃起怎麼辦？

青春期的身體反應常讓人措手不及，像是在學校沒來由的勃起，往往令人困擾又不好啟齒。這樣的情況其實不少見，也不一定和性有關。面對突如其來的變化，有一些方式可以幫助自己安然度過。

怎麼辦？我在學校也會勃起！
堅挺～
不要緊張，這是自然現象。
有女同學在旁邊，很尷尬！
放輕鬆。
很難放輕鬆，因為剛好是我喜歡的女生……
呵，你不要感到尷尬，尷尬的就是別人了。
認真說，你以後穿寬鬆一點的褲子到學校就好了。

「勃起」是一種生理現象，當陰莖海綿體空腔充血，使陰莖腫大且變得堅挺，所以又有人俗稱「搭帳棚」，這是一種神經及血管的複雜因素配合後出現的結果，除了跟性興奮或性吸引有關。

「勃起」也有可能是自發性的出現，跟性興奮或性吸引無關，就像有些小男孩在沒有任何刺激下，小雞雞也會勃起，有些媽媽看到時會驚嚇到，其實這是很正常的現象，有時候是身體副交感神經的作用而有勃起的現象，但會自然消掉，所以家長不用擔心。

晨勃不是檢驗陽痿的依據

我們很常聽到「晨勃」，也不是因為性興奮或受到外物刺激，這是男生在睡覺醒來後，發現陰莖勃起的狀態。

正確來說，男生晚上在睡覺時會自然勃起，平均一個晚上勃起 6 到 8 次左右，睡覺時勃起的主因不明，有可能是睡眠中進入到快速動眼期，這段期間作夢的機率非常高，副交感神經呈現興奮放電，因此，促進陰莖末梢血管擴張，所以會有夜間勃起的現象。

「晨勃」其實是在睡覺期間的勃起，只是因為最後一次的勃起，剛好是在早上醒來，所以很多人都以為是「晨間勃起」。

有超多年輕的男生來診間問醫師：「早上醒來沒有勃起的現象，是否是陽痿的問題？」晨勃的問題，幾乎每天都會被問，快成為診所的「日經文」了。

我要告訴大家，沒有晨勃不代表有陽痿的問題，可能只是剛好沒看到，大部分的人是晚上勃起，但早上沒看到；如果是一整晚都沒有勃起的話，可能比較有問題。

睡覺前貼郵票，早上就知道結果

看到這裡，你可能會想：「我怎麼知道自己晚上睡覺時有沒有勃起呢？」在這裡**教大家一個簡單的方法，可以測試自己有沒有在夜間勃起，那就是「郵票實驗法。」**

首先，你要去郵局買幾張小郵票，睡覺前，沾溼郵票，在陰莖的根部環貼一圈，第二天起來看郵票有沒有裂開，有裂開的話表示有夜間勃起，但試一次沒有裂開的話，不要緊張，可以測試個兩三天，身體狀況不差的人，都會在夜間勃起。

郵票實驗法是不是簡單又省錢呢？

不過，要提醒的是，如果測試個好幾天都沒有夜間勃起，自己動手或接受外界的一些刺激，陰莖也沒有勃起的反應，那就真的要來找醫師了。

在學校勃起，其實很正常

晨勃通常是在家剛睡起來的時候，四下無人，裝作沒事就好了。但對一些男同學而言，尤其是國、高中生在學校，發現自己勃起了，就比較困擾了。

年輕人血氣方剛，稍微受到一點刺激，像是被自己的褲子摩擦到，或不小心被女同學碰到，容易性興奮，就有勃起的反應。甚至，醫師還有聽過，睡個午覺也有勃起的反應。

在學校大庭廣眾下有生理作用，真的是有點尷尬，但醫師要告訴大家：「免驚！這是很正常的現象，用健康的態度看待就好！」如果在學校發覺自己有勃起的現象，不要驚慌失措，坐著放鬆休息一下，就會回復正常狀態。

再不然，要奉勸各位年輕人，不要故意耍帥穿緊身褲，寬鬆的褲子可以避免這種不小心在學校勃起的尷尬場面。

Q34

一早醒來又硬又尿急，怎麼辦？

早晨醒來，尿意強烈，卻因陰莖尚未消退的勃起狀態而難以順利排尿，是不少男生在青春期後常遇到的經驗。這樣的生理反應雖令人困擾，但並非異常，也不代表身體出了問題。

早上起床想尿尿又勃起該怎麼辦？
可以坐馬桶尿，或是等消退後再尿。
是不是尿意會造成勃起？
勃起與尿意感是兩回事。
為什麼早上想尿尿時，常常剛好勃起？
可能剛好，也可能是尿意壓迫膀胱刺激附近神經。

男生可能都有過這樣的經驗，早上起床時尿意強烈，等到站在馬桶前，又因為晨勃未退而尿不出來，一泡尿憋著好痛苦。特別是剛進入青春期的男生，不少人因為這樣的情況感覺困擾或窘迫，偏偏又不好言說，也不知道從何問起，甚至還有人懷疑是不是自己身體出了毛病，只好利用門診機會「偷偷」問醫師。

放心，這是正常生理現象，不必過多聯想或焦慮，為自己徒增無謂煩惱。下次再遇到這樣的情況，**可以等待晨勃消退再尿，或是嘗試改變身體姿勢，把原來的站姿改為彎腰姿勢，配合輕按下腹部位置刺激膀胱，幫助自己排尿更順暢**。如果擔心亂噴瞄不準，又不易將陰莖下壓控制，也可以直接坐在馬桶上解尿。

尿意可能影響勃起，但並非唯一因素

夜晚進入睡眠狀態後，人體會產生名為「抗利尿激素」（Anti-diuretic hormone, ADH）的荷爾蒙，致使尿液量減少、尿液濃度提高，主要目的是讓我們可以好好休息，一覺睡到天亮。因為這樣的生理機制，一般人睡醒後的第一件事，常常就是上廁所排尿，把膀胱裡積存的尿液排空。

當膀胱內尿液積存一定容量時，神經會將「尿液將滿」訊號傳遞到大腦產生尿意。對男生而言，這時候膀胱受尿液壓迫而膨脹，刺激到附近影響陰莖勃起的副交感神經，因而發生陰莖勃起的生理反應。簡單說，就是膀胱膨脹刺激神經傳導而出現生理反應，而且「剛剛好」發生在清晨，並沒有特殊意義。

必須釐清的觀念是，**尿意與晨勃是獨立的兩件事，兩者不該混為一談**。尿意確實可能影響勃起，但並非影響勃起的唯一因素。再說，這時候的勃起也不一定是晨勃，只是剛好人在清醒狀態，看到自己的身體出現這樣的生理反應，又急著想尿尿，所以才會將尿意與晨勃聯想在一起。

勃起不太會影響排尿功能

「勃起」這件事，其實不太會影響排尿功能。陰莖的主要構造是海綿體，就低頭往下看的姿勢來分析陰莖主體內部結構，左右兩側各有一條「陰莖竇狀海綿體」（Corpus cavernosa），而中央下方位置則是「尿道海綿體」（Corpus spongiosum），而尿道就被包覆在尿道海綿體內。

當陰莖竇狀海綿體受到外在刺激時，會充血膨脹發生勃起反應。然而尿道海綿體不會充血膨脹，所以沒有壓迫尿道而影響排尿的問題。但是**當陰莖竇狀海綿體充血膨脹過大時，也可能會影響尿道海綿體，而導致排尿不順（還是可以尿出來），這時只要等待勃起消退，排尿就會順暢了**。

勃起功能障礙可能是疾病警訊

不過，「勃起」是男生身體的生理反應，同時也是心血管功能健康的重要參考指標，必須多加留意。

泌尿醫學界認為，男性勃起功能障礙可能是心血管疾病的發病警訊，必須特別留意。多數心血管疾病與勃起功能障礙是血管阻塞所造成，而「勃起」是流進陰莖竇狀海綿體的小動脈充血所導致的反應，這裡的小動脈血管與心肌末梢的小動脈血管大小相近，因此勃起功能障礙被認為與心血管疾病有高度關聯。

如果已經有勃起功能障礙，代表部分血管的彈性相對不佳，甚至已經發生一定程度的阻塞，因此那些大小近似的心臟血管，未來發生阻塞的機率也可能比較高。根據醫學文獻統計資料，曾經做過心臟繞道手術的男性，57%之前曾有勃起功能障礙，而曾經發生過心肌梗塞的人，60%之前曾有勃起功能障礙。

勃起功能障礙，可能來自心理或是器官方面的問題，其中大約 20%與神經有關、80%與血管有關。曾經有研究報告指出，**如果發生血管性勃起功能障礙，未來幾年內發生心血管疾病的機率也較高，必須提高警覺**。如果起因於先天異常所造成的勃起功能障礙，可以藉由儀器治療，或是服藥配合觀察等方式做改善。

Q35

為什麼一直跑廁所，卻又尿不多？

年輕男性常見的泌尿問題如頻尿、滴尿、尿痛，與壓力、飲食、憋尿習慣或泌尿道感染有關。尤其排尿時的疼痛常是感染徵兆，應留意是否與生活習慣或性行為相關，及早處理可避免惡化。

常常憋尿會怎麼樣？
比較容易發生泌尿道感染或導致頻尿。
每天尿尿幾次才算正常？
通常 8 次到 12 次都沒問題。
如果次數太多就算頻尿？
每個人情況不同。喝了咖啡或茶，以及喝水習慣都會影響。

人類的泌尿系統，主要包括腎臟、輸尿管、尿道與膀胱，負責排除體內多餘水分，並且代謝身體所產生的廢物。在泌尿科門診，常常有人因為泌尿道問題而求助。

分析男生患者的困擾，年輕族群普遍以頻尿、滴尿等問題居多，年長者則是常見排尿不順、膀胱無力、尿不乾淨，以及夜尿等問題。

令人困擾的尿不停、尿不乾淨

多數男生或女生的頻尿問題，主要是壓力因素所造成，生活中可能因為課業、考試、家庭生活與人際關係，造成心理上的焦慮、緊張、情緒等壓力，從而刺激膀胱神經，致使尿意頻頻。

除此之外，也可能因為飲用過多利尿飲料，例如咖啡、茶，或是個人喝水習慣影響，如長時間大量灌水，致使頻繁跑廁所，彷彿感覺一直都有尿意，而且怎樣都尿不完。

男生也很常發生滴尿問題，相較之下，由於男生的尿道比女生長，因此容易有殘尿的問題，但尷尬的是，偏偏當下身體不會感覺有尿意，所以當解尿完畢後穿上褲子，殘餘尿液就這麼出來了。

不過別擔心，**下回只要在便斗前多待幾秒鐘，把尿甩乾淨，就可以改善問題。**

泌尿道感染不分男女老少

門診常有男生因為「尿尿會痛」而求診，進一步了解後會發現，其中許多患者都有憋尿的壞習慣。一般來說，「會痛」很可能表示已經發生感染。

泌尿道感染不限年齡與性別，老少男女都有可能發生。就年齡方面來說，年輕人比較常見的是尿道炎，而年長者則多半是結石問題所導致。

再就性別來看，**男生的泌尿道感染，多半源自性行為相關的性傳染病，好發於 25 至 45 歲的年齡層**。

而女生泌尿道感染主因，同樣是先天生理構造差異影響。因為女生的尿道短又鄰近陰道與肛門，尿道口容易發生細菌感染，從而細菌進入膀胱引發尿道炎。甚至有統計資料顯示，超過半數比例的女生，一生中至少會發生一次尿道炎。

關於攝護腺與異常

另外，特別值得一提的，是男生獨有的泌尿器官攝護腺（又稱前列腺），主要結構是由肌肉與腺體組成，位置大約在膀胱下方，並且與尿道銜接。部分精液是攝護腺所分泌，可以保護精子並且維持活性。

男生在青春期發育後，攝護腺大小幾乎已經固定，直到 30、40 歲左右開始增生而變大，因此臨床上的攝護腺炎、攝護腺肥大、攝護腺癌等相關疾病，大都好發於 30、40 歲至 70 歲之間。

影響攝護腺肥大的原因尚未完全明朗，但主要原因很可能與遺傳有關，或是因為男性荷爾蒙不斷刺激而增生。目前沒有方法可以預防病變發生，坊間所流傳的飲食、運動、射精次數多寡等因素，其實都與攝護腺肥大無關。

保健重點不外乎是以提升免疫力、降低感染機率為主，養成良好生活習慣，不菸、不酒、不憋尿、多喝水、多運動，並且作息正常、飲食均衡，都能促進健康。

Q36

男生也會得尿道炎嗎？

青春期男生因課業壓力或貪玩常忽略尿意，長期憋尿可能導致尿道感染、膀胱發炎，甚至影響攝護腺與生育功能。憋尿不是小事，應正視泌尿健康，及早養成良好習慣。

為什麼我憋尿後尿尿時會痛？
憋尿可能引發尿道感染，我們需要做檢查找原因。
為什麼要憋尿？壓力太大嗎？最近學校課業很忙？
哎～
哎～
正在準備考試呢！快學測了好緊張。
好好照顧身體喔！不要憋尿，生活作息要正常。
嗯!!

誠如先前在第二章所述，女生憋尿的原因，可能是如廁的衛生問題，或是個人隱私方面的安全顧慮。相較之下，男生較少這些心理障礙，比較沒有「挑廁所」問題，甚至有人開玩笑比喻，男生只要有一面牆就可以上廁所了。

對於青春期的男生而言，憋尿最主要的理由，不外乎還是來自學校的課業與考試壓力，也有人因為下課時與同學「玩太瘋」，因為過度投入眼前的遊戲，而忍住不想上廁。無論理由是什麼，絕對都要改掉憋尿的壞習慣，避免對健康造成嚴重影響。

泌尿道系統負責代謝水分與廢物

人體的水分代謝，主要是藉由尿液與汗水的方式排出體外。根據統計的結果，正常人每天排尿量大約 1,000 ～ 2,000 毫升，如果超過 5,000 毫升，就要懷疑是否異常。至於**排尿頻率，則是大約每 2、3 個小時一次，平均一天大約 8 次，一旦超過 12 次，如果不是喝水太多或其他原因，可能就要擔心腎臟代謝功能出問題**。

人類的腎臟大小約如同兩個拳頭，形狀與蠶豆相似，結構是由 1,000 萬個腎元所組成，並且連接輸尿管，最後進入膀胱。水分經由腎臟過濾後，大部分會被身體回收再利用，少部分則會形成尿液暫時儲存在膀胱裡，最後再排出體外。

尿液的主要成分是水，其中至少多達三千多種化合物，大都是身體所代謝的廢物。男生長期憋尿的結果，不但會損害泌尿道系統，甚至可能引發尿道感染、膀胱發炎、攝護腺炎與副睪丸炎，嚴重危害身體健康。

尿液逆流危害攝護腺與副睪丸

人類的尿道口有許多細菌，平時藉由正常的排尿生理機制，就可以沖走尿道口的細菌，避免細菌長時間滯留，而引發尿道感染。然而長時間憋尿的情況下，就會延長細菌在尿道和膀胱的停留時間，因而提高尿道發生感染的機率。

一旦情況變得更嚴重，可能會併發攝護腺發炎與副睪丸炎，甚至更多併發症。不僅可能影響正常生育功能，不排除因為情況持續惡化，終至造成不孕的結果。

憋尿會造成膀胱損傷

正常情況下，當膀胱累積一定的尿量時，就會透過神經傳導將訊息送達大腦，而產生尿意。如果經常置之不理，長時間甚至長期憋尿的結果，就會使得膀胱經常處於「盛裝過多尿量」狀態，漸漸的膀胱壁會變薄，也會壓迫膀胱壁上的血管，導致黏膜組織缺血。這時候身體的保護機制減弱，形同是敞開了大門，細菌因此有更多機會「趁虛而入」，就有可能引發急性膀胱炎。

當膀胱壁變得脆弱而敏感，已經無法再正常判斷「正確儲尿量」，就會發生頻頻跑廁所，但卻只能「滴滴答答尿一點」的現象。

無奈屋漏偏逢連夜雨，這時候的尿道黏膜常常也是正在發炎，因而排尿時會有「灼熱感」，甚至尿液中帶血。由於身體已經多處發炎，因此常常也會伴隨發燒，甚至可能併發腎臟炎。

如果情況未見改善，膀胱壁就會逐漸失去彈性，繼續惡化的結果，甚至有可能演變成纖維化的現象，大幅降低膀胱壁正常收縮功能，也就因此出現頻尿、尿不乾淨等情形了。**最嚴重可能導致膀胱壁受損，發生膀胱無力情形，尿尿也就很難尿出來了**。

相關保健之道，多半還是老生常談的養生習慣，最重要的是能確實落實在生活。必須謹記每天攝取足夠水分、均衡飲食，並且維持正常作息，幫助提高身體的免疫力，同時抵禦外在病菌的威脅。

平常就要注意個人衛生，保持尿道口、會陰部與肛門等位置的清潔。不要長時間久坐，要避免因為「過度投入」而忘了上廁所，當尿意出現時，就要盡快上廁所。

Q37 一天自慰三次，算太多嗎？

自慰不是壞事，也不是病。不同年齡、不同頻率的自慰行為，在醫學上都屬常見。重點不是做了幾次，而是這個行為有沒有影響生活、情緒或人際。如果沒有，那就只是正常的身體反應與情緒調節方式。

好想摸ㄐㄐ
我最近發現自己常常想要摸雞雞……這樣會不會很奇怪啊？
想摸雞雞是很自然的事，大多數男生們都會哦！
ㄐㄐ
ㄐㄐ
真的嗎？那我可以每天都這麼做嗎？

曾在社群論壇上看過一位男性提到，自己在國小時期就開始出現自慰行為。如果你是國小孩童的家長，聽到這樣的經驗，可能一時難以接受，因為回想自己在國小的時候，可能都忙著在玩樂。

根據國外一家大學附設兒童醫院的研究調查顯示，男童小至5～6歲時，即可能出現自慰行為，而到15歲時，幾乎所有男生皆已有自慰經驗，顯示自慰行為在青春期前後屬常見現象。

雖然台灣沒有針對青少年自慰的調查，但應該也是差不多在國中至升高中之前，都已有自慰的經驗。

我要告訴家長們，不必過於擔心，**學童或青少年自慰是探索身體的方式之一，比較需要注意的是，孩子有沒有因此太過沉迷，而影響正常生活的步調。**

適度自慰不會造成生理影響

自慰的英文是「masturbate」，指的是用手或器具，刺激陰莖達到性快感，並有射精的動作，中文翻譯成「自慰」或「手淫」，有人則用「打手槍」一詞代替。

我遇到臨床有年輕的男生每天自慰3到4次，很擔心自己成癮或者是否心理不正常？更多的是患者常常會支支吾吾的問我：「醫師，我最近有點不夠硬，是不是打槍打太多，縱慾過度的關係？」

常常自慰對生理並不會產生負面影響，更不會造成「陽痿」（陰莖無法時常勃起或維持勃起的狀態），要擔心的是長期下來會有成癮現象，就像是藥癮一樣，因為自慰會產生興奮感，長此以往，會對自慰產生依賴。如果未來實際跟伴侶發生性關係時，反而失去快感，對兩性關係也會有不好的影響。

因此，自慰適可而止，不能太過頻繁。

至於太過頻繁的定義為何？泌尿科學上沒有一個標準，也沒有研究證實太多次會造成任何問題，目前也沒有研究佐證「理想射精頻率」。

減少刺激、適度休息可以避免血精

比較要注意的是，**如果太常自慰，可能會有「血精」的現象**。

血精聽起來好像很可怕，有青少年看到血精，以為是因為自慰過度會導致「精盡人亡」！

其實血精沒有你想的這麼嚴重，就跟有人常挖鼻孔，不小心挖到流血的原理一樣。流鼻血是因為鼻腔黏膜破掉而出血。血精是因為在頻繁自慰後，導致攝護腺的黏膜破損，大量的精液與血液混合在一起，血液隨著自慰完後的精液一起流出來，所以顏色看起來紅紅的。

因此，**避免血精的現象，最好的辦法就是「休息、休息、休息」，因為很重要，所以要再三強調**。

解決辦法很簡單，只要停機 1 到 2 周，或者休息一個月，血精狀況就會好轉。大部分的血精是良性，少數人的血精是攝護腺發炎或攝護腺癌，但攝護腺癌通常是發生在年紀較大的男性身上，可能也已經過了頻繁自慰的階段。所以，如果年紀較長且沒有頻繁自慰習慣的男性，出現血精現象，最好是自行就醫，釐清血精發生的原因。

自慰有助於緩解壓力

我們知道自慰不會對生理造成影響，甚至有研究認為，性興奮和射精過程中，大腦會產生多巴胺和催產素。這兩種腦內激素可以舒緩壓力、讓人感到愉悅與產生正面的情緒，並能增進工作效率。

多巴胺又稱「快樂荷爾蒙、欲望激素」，是一種神經傳導物質，即神經元釋放出來，將訊號發送到其他神經細胞的物質；催產素是一種哺乳動物類的動物激素，研究發現，催產素對於各種行為的影響，包括性高潮、社會認同等，又被稱為「愛情激素」，催產素也助於減輕壓力及緩解疼痛。

所以說，**射精對於情緒和壓力的調節且有正面作用**。

根據情趣用品公司 Tenga Taiwan 在 2019 年的《自愉報告》(*Self Pleasure Report*) 顯示，有八成的台灣人（不分性別年齡）表示自己曾自慰過，除了滿足性慾與達到性愉悅的兩大原因，為了緩解壓力或想放鬆是自慰的第三大理由。

這份調查正好可以佐證前述的研究，不要再把自慰當成壞事，適度的自慰是有好處的！

在美國，一些團體主張「國際自慰日」，甚至對外公開推廣。

1994 年，美國醫事總署署長喬伊斯林．埃爾德斯（Joycelyn Elders）因在聯合國世界愛滋病日上主張「自慰無害且安全正常的事情」，提倡「自慰」應納入學校性教育課程，但這樣前衛的提倡被當時的美國總統柯林頓給辭退。

當時，美國舊金山一家情趣用品店為了支援這位署長，遂在 5 月 14 日舉辦自慰日，之後美國每年 5 月 7 日到 28 日舉行活動，以推廣自慰的權利，迄今則擴大到整個 5 月都會舉辦相關活動。

事隔 30 年後的今天，我不確定美國的性教育課程是否有納入自慰的章節，但我十分確認的是：「**大家對於自慰必須要有正確的認知，自慰是人類正常的身心理需求，不應該汙名化。**」

第四章

性知識正解

- Q38 喜歡一個人，可以親親抱抱嗎？
- Q39 談戀愛一定要發生性關係嗎？
- Q40 小便疼痛、分泌物變多，是不是得了性病？
- Q41 不戴保險套，可能感染哪些性病？
- Q42 一直有性幻想，是正常的嗎？
- Q43 我可以看 A 片嗎？
- Q44 和喜歡的人相處時勃起，該怎麼辦？
- Q45 射得太快就是早洩嗎？
- Q46 聽說「放進去一下下」不會懷孕，真的嗎？
- Q47 女生該怎麼避孕？
- Q48 如果真的發生性侵害，該怎麼辦？
- Q49 墮胎是壞事嗎？
- Q50 我能不能結紮？

Q38

喜歡一個人，可以親親抱抱嗎？

常見制服學生情侶親密互動，牽手、擁抱、親吻看似平常，但「親密接觸」與「性行為」之間，往往只是一線之隔。若缺乏正確認知與溝通，就可能踩到法律紅線，甚至釀成無法挽回的後果。

我幫我男友打手槍，這算是發生性行為嗎？
廣義上來講，算是。
咦!?
我男友說，只要不是插入就不算是！
你們幾歲？
我 15 歲，男友 18 歲。
……

在捷運上或公車上，常常會看到穿著制服的學生情侶，徜徉在兩人的世界裡互相擁抱或親吻，旁若無人，只要是不涉及裸露或妨害風化等行為，應該是無傷大雅。

在醫師小時候的那個年代，男女交往的進度通常會以打棒球的術語來形容進度（或說是親密程度），像是上了一壘是指牽手、擁抱等行為；二壘是指嘴對嘴接吻；三壘是指愛撫；如果是全壘打的話，指的是已經發生關係，也就是性行為。

現在家長講這個棒球的術語，孩子可能是鴨子聽雷，聽不懂你在講什麼。有的青少年衝勁很強，可不是循序漸進，從一壘開始上到二、三壘，常常會盜壘，更拚的就是一次直接給你全壘打！

男女交往，尤其是青少年總是血氣方剛，有時候會控制不住，本來只是想要互相摟摟抱抱，肢體接觸，但最後一發不可收拾，來不及踩剎車，可能就「意外懷孕」。

區別親密接觸與性行為

前陣子一則新聞引發不少家長關注：有網友在公園目擊，一名疑似身穿國小制服的女童，跨坐在一位男生身上，而那位男生看起來頂多是國中生年紀。這樣的畫面，讓許多家長感到震驚與不安。

有關未成年少女懷孕的報導那更是屢見不鮮了，甚至還有青少女在廁所就生出小嬰兒。這樣的情況常見於青少年對性和身體的知識了解不足，在還不清楚性行為可能帶來的後果時，就已經發生了性行為。更不知道怎麼正確避孕，因為害怕被責罵或沒有適合求助的對象，而選擇隱瞞。等到懷孕被發現，往往已經來不及，最後東窗事發，還可能鬧上新聞版面。

需要釐清的是，**「親密接觸」與「性行為」是兩個相關但不完全相同的概念**。兩者之間雖有界線，但在實際情況中，這條界線往往模糊而脆弱。對許多青少年來說，從牽手、擁抱到進一步的性行為，可能就在一個當下、一次情緒高漲的時刻之間完成轉換，一個沒控制好，就會從一壘直奔本壘板了。

如果家長不想提早當阿公阿嬤，或不小心被提告，就要主動跟小孩溝通一些事情，「親密接觸」與「性行為」的區別，避免踩到紅線。

有些親密，是性行為的一部分

親密接觸，是指兩個人在身體和情感上彼此靠近和表現愛意的方式，包括手牽手、擁抱、親吻（不含以舌親吻），而且不涉及性器官之間的接觸。強調情感的表達和建立親密關係，不一定以性愛為主要目的，可以幫助建立感情連結和增進彼此間的親密感。

廣義的性行為涉及性器官的接觸，例如陰道性交、口交、手淫等行為。通常發生在已建立較為親密關係的夥伴之間，且往往伴隨著更高的性愛欲和性吸引力。

以下是一些常見的性行為，可能不涉及陰莖插入：

- **口交：**其中一個人使用口部刺激對方的性器官，可以是陰莖或陰蒂。
- **手淫：**通過手部動作刺激性器官的方式，可以是男性的陰莖或女性的陰蒂。
- **使用性玩具：**增強性愛和性滿足，不涉及陰莖插入，但提供額外的刺激。
- **裸體擁抱：**兩人之間的身體接觸，不涉及性器官的交互作用，例如，裸體擁抱或緊密的身體接觸。

兩小無猜也要避免觸法

性行為的定義因個人和文化而異，每個人可能有不同的性愛和性滿足方式。重要的是，性行為應該出於自願、同意、尊重，並且在一個健康、安全、相互理解的關係中進行。

許多青少年，可能在尚未具備這些認知與條件前，就已經開始接觸性行為。我曾受邀到國中演講 HPV（人類乳突病毒）跟子宮頸癌的主題，有國中老師曾透漏，就他們所知，很多國中生已經發生過性行為，懷孕與墮胎應該也是為數不少，只是沒有浮出檯面。

這個現象不禁令人擔憂，畢竟大多數國中生都未滿 16 歲。

台灣的法律規定，性自主權是以 16 歲為界，滿 16 歲的男女有性自主權，可以自己決定是否要與他人發生性行為；如果是對未滿 16 歲的人發生性行為就會涉及刑法 227 條對未成年人性交猥褻罪，為公訴罪。

如果男女雙方皆未滿 16 歲而自願發生性行為，雙方同時是被害人及加害人，雙方家長皆可向對方提出告訴，因為法律保護的對象包括未滿 16 歲的男女雙方，而不限於女方，且通常會減輕或免除其刑責。*

醫師在此要特別強調：**即便是在雙方同意下進行性行為，都應該在合法和安全的條件下進行，並遵守當地的法律和道德標準。**

---

* 近年來，立法者考量年齡相仿的年輕男女，因相戀而自願發生性行為者，增訂「兩小無猜」條款，18 歲以下犯刑法 227 條者，減輕或免除其刑，且另規定為「告訴乃論」。

Q39 談戀愛一定要發生性關係嗎？

愛與性常被混為一談，尤其在戀愛中更容易模糊界線。但戀愛的核心不只是身體的親密，更是信任、尊重與支持。性不是愛的證明，愛也不是性的前提。真正重要的是彼此的同意、尊重與理解。

交男朋友後就一定會發生關係嗎？
不一定。
那為何我男朋友說，愛他就是要跟他發生關係？
性不等於愛。
怎麼辦？
如果我拒絕，他說要跟我分手！
那就跟他分手吧！
……

以前醫師在學生時代，偷偷談得都是「純純的愛」，現在可大不同了。不少國中生不僅公開談戀愛，甚至發生性行為，還有些男生會以「性等於愛」，來讓女生在半推半就之下發生性關係。**這是不對的，因為性不等於愛，談戀愛不一定要發生性關係。**

戀愛是一種感情和親密關係，每對情侶的相處方式和進展速度都不同。有些情侶在戀愛過程中，會選擇發生性關係，而有些則可能選擇保持純精神上的親密關係。決定是否發生性關係，是一個雙方的決定，應該基於彼此的信任、尊重和同意。

許多人選擇在結婚前或特定的承諾之後才進行性行為，某些人可能認為性行為是自然的親密表達方式，並在戀愛早期就進行。

重要的是，戀愛中的雙方要開誠布公的溝通自己的需求、期望和界限，確保彼此的舒適和幸福。

性不是愛的證明，愛也不是性的前提

性關係不是戀愛的必然條件，而是兩人關係中可以選擇的一部分；戀愛的核心是愛、支持和彼此的尊重。家長可以主動跟孩子聊聊：「愛」與「性」是不同的概念，但它們之間可以有緊密的聯繫。

「愛」是有以下這些條件：

1. **情感聯繫：**愛是一種深厚的情感聯繫，涉及親密、關懷、理解和尊重。
2. **多樣性：**愛有很多種形式，包括親情、友情和浪漫愛情。每種愛都有其獨特的表達方式和深度。

3 **長期性：**愛通常是持久的，隨著時間的推移而加深。它包含了對另一個人的持久承諾和支持。

4. **無私：**愛往往是無私的，關注對方的幸福和需求，而不僅僅是自己的滿足。

「性」則是具備以下條件：

1. **生理需求：**性是基於生理和生殖需求的行為，涉及身體上的親密接觸和滿足。
2. **短期快感：**性行為通常提供即時的身體快感，並不一定需要情感上的聯繫。
3. **多樣原因：**人們出於各種原因進行性行為，包括愛情、愉悅、生育和探索。
4. **需要同意：**性關係應基於雙方的同意和尊重，確保每個人的身心健康。

在親密關係中，愛和性可以相互補充。愛能夠增強性關係中的親密感和情感聯繫，而性行為也能成為愛的一種表達方式。

然而，**並不是所有的愛都涉及性行為，也不是所有的性行為都基於愛**。這兩者可以獨立存在，但在健康的關係中，它們往往會相互影響和加強。

如果說，另一方要求發生關係，自己卻不願意時，而覺得苦惱的時候，可以直接跟對方說明自己還沒有準備好，如果另一方因此而疏遠自己，那也就代表對方只想要達到「性」的目的，而不是真正的愛自己。

性行為「太早」有代價

雖然沒有一篇科學研究證明，在哪一個年紀開始發生性行為是比較理想的狀態，但根據世界衛生組織（WHO）的界定，青春期範圍為 10 ～ 19 歲，而經歷青春期後，才能擁有成熟的生殖器官，具備繁衍下一代的能力。

以台灣法律來看，依據我國刑法第 227 條規定，不論男女，只要年滿 16 歲，則為合法擁有性自主權。

但我想，沒有父母會希望自己的孩子，在 16 歲之後就發生性行為吧？尤其多數的青少年，在這個年紀還是就學階段，萬一在沒有做好安全避孕措施下發生性行為，恐怕衍生一連串的問題，例如，必須中斷學業等。然而，如果是以這樣的理由，告訴孩子不要太早發生性行為，恐怕也是事倍功半。

如果是從醫學的角度來看呢？為何不要太早發生性行為，其中一項原因，是關於傳染病的問題，例如，人類乳突病毒即是透過性行為傳染的疾病，初次性行為的年齡愈低，得到子宮頸癌的機率愈高，因為病毒誘導子宮頸細胞產生癌變的過程是需要時間的，換句話說，**愈早發生性行為，愈有可能在年輕時就罹患子宮頸癌**。

總之，愛和性雖然不同，但它們可以在親密關係中相輔相成。理解並尊重彼此的感受和需求，是建立健康關係的關鍵，不管是在青春期或成年人，愛和性的關係都是如此。

Q40 小便疼痛、分泌物變多，是不是得了性病？

有些女生一出現尿尿痛或分泌物變多等症狀，就開始擔心是不是感染了性病。但其實這些症狀常見於尿道炎、骨盆腔發炎或陰道炎，不一定和性行為有關，建議就醫釐清。

我私密處癢癢的，尿尿灼熱，會不會是感染性病？
有不安全的性行為嗎？
沒有，但……前幾天因為太急了，有在捷運站上廁所。
坐式馬桶嗎？
對，聽說馬桶會感染性傳染病？
不用太擔心，觀察幾天，如果變嚴重，再來就醫。

曾經有一位年僅 17 歲的女性患者來王醫師的診間看「性傳染病」，後來才知道，可能因為家庭因素而在酒店上班，有不安全的性行為，之前曾經有過性病，雖已治癒，但沒有防護觀念，又再度感染。

在台灣，性傳染疾病確實有上升的趨勢，但對一般人而言，只要避免不安全的性行為，感染的風險其實並不高。

王醫師常遇到有些女性患者，自以為得到性病，就診後發現其實跟性傳染病沒有關係，因為有些疾病與性傳染病的症狀有點像，因此讓人擔心害怕。

許多人在外不敢使用坐式馬桶，擔心不夠乾淨，甚至誤以為會因此感染性傳染病。也有人連蹲式馬桶都避之唯恐不及，習慣長時間憋尿，結果反而增加了尿道發炎等泌尿系統疾病的風險。

性病多半藉由性接觸傳染

尿道炎的症狀是頻尿、尿急、排尿疼痛，下腹部疼痛或尿道口有分泌物，尤其在夏天，潮溼炎熱，如果又穿著緊身衣褲，容易感染尿道炎，就會有許多女生誤以為自己感染性傳染病。

另外常見的是骨盆腔發炎，骨盆腔發炎是女性內生殖器官，包含子宮及雙側卵巢、輸卵管，與周圍的腹膜發炎，可能是自己陰道細菌或經由性接觸的細菌從陰道、子宮頸往上最後擴散至骨盆腔，常見的症狀是下腹痛、陰道分泌物增加、畏寒或是發燒，也可能會小便疼痛。

這些女性常見的疾病是因為細菌感染導致，有些症狀跟性病類似，像是淋病的症狀是分泌物變多，如果女生又有不安全的性行為，就會心虛，杯弓蛇影，誤以為是得到性病。

要給大家一個重要觀念，性病多半藉由性接觸傳染，而非「空穴來風」，很多人因為去泡溫泉、或因為去上公廁，剛好有尿道炎或骨盆腔發炎，就自己嚇自己，造成心理負擔。

雖然有一種性病——菜花，是由 HPV 病毒引起，確實有可能經由一般皮膚接觸傳染，但機率實在是不高。

另外，常被誤以為是得到性病的是陰道炎，陰道炎是由陰道念珠菌感染，它是一種黴菌，這種陰道炎是女性常見的疾病，該菌普遍存在於人們的消化道內，像是口腔、直腸或肛門，以及陰道內，如果免疫力低下，就很容易發作。

陰道炎的症狀是分泌物變多，多為白色塊狀，像是豆腐渣，也常會被誤以為是得了性病。

會傳染到性病，絕大多數是經由不安全的性行為，女生要學會保護自己，一定要做好安全措施。

如果出現分泌物變多，小便疼痛、灼熱等症狀，雖然未必是性傳染病，但最好還是就醫檢查。門診有遇到許多不孕的個案，常常是因為以前常常下腹部悶痛，其實是骨盆腔發炎，但未就醫，日積月累下來，輸卵管可能損傷，損傷後很難再修復，並影響日後自然懷孕的機率。因此，千萬不要輕忽身體發出的警訊，若有下腹疼痛或異常分泌物，應及早就醫，找出原因，才是對自己最好的保護。

Q41

不戴保險套，可能感染哪些性病？

一次無防護性行為，可能不只是一時衝動，更可能帶來菜花、淋病、疱疹、梅毒，甚至愛滋病等風險。這些性病有的會留下後遺症，有的難以治癒。認識各種性病的傳染途徑與防治方式，是避免感染的第一步。

鳥醫師，我的雞雞上長了一小顆一小顆像花椰菜的小東西？
這有可能是性傳染病喔！
你發生性行為之前有戴套套嗎？
我有「帶」保險套，但到了最後一刻，忘記「戴」上去……
快救救我～
……

性病不只和泌尿科有關，實際上，根據感染的位置不同，可能需要大腸直腸科或婦產科進一步檢查。例如，俗稱的「菜花」，醫學上的名稱是「尖性溼疣」，是常見的性傳染病之一，其發病的位置不只在生殖器官上，也可能在肛門；若感染部位在肛門，應由具備相關檢查設備的大腸直腸科進行診治，才能正確處理。

而有些菜花是生長在女性陰部，在檢查時，需要擴陰器（俗稱「鴨嘴」）進一步檢查，但泌尿科是沒有婦產科的檢查器材。曾有一位年輕的女性患者，疑似從事特殊行業，且沒有進行安全性行為，同時感染菜花、疱疹，以及淋病，前兩者是病毒性傳染，後者則是細菌性感染。她的菜花分布在肛門、陰道，包括大、小陰唇，可說是「遍地開花」，慘不忍睹。

菜花

「菜花」是常見的性傳染病，透過性行為傳染，感染人類乳突病毒（HPV），造成生殖器疣，也就是俗稱的菜花。

感染菜花的患者，顧名思義是在皮膚上長出像花椰菜狀的皮膚腫瘤，常見感染的部位有生殖器、口腔、咽喉等黏膜與皮膚處。

男生常見感染的部位是陰莖、陰囊、尿道周圍和肛門部位；女生感染部位是外陰、陰道、子宮頸和肛門部位，女性感染 HPV，有可能會變成子宮頸癌，這是要特別注意的地方。

菜花是可以透過打疫苗預防感染（HPV 子宮頸癌疫苗），男女皆可；如果免疫力較好的人，即便感染也不一定馬上發作。

治療方式是以「連根拔起那根菜」為目標，採取冷凍、雷射、電燒患部，患部塗藥或口服藥物治療，如果是剛好長在包皮末梢，建議以割包皮方式處理，一勞永逸，預防菜花的最好方式是避免不安全性行為，以及提升自己免疫力。

淋病

另一常見的性傳染病是「淋病」，淋病是由淋病雙球菌感染，其症狀是尿道有黃白色分泌物，小便時會灼熱疼痛。

曾有一個男性患者剛滿18歲，進行多次不安全性行為，後來發現自己尿道口有分泌白色分泌物，伴隨小便灼熱的症狀，上網一查才知道自己得了性病，緊張到連續兩、三週都睡不著覺，不敢跟家人講。後來是愈變愈嚴重才敢告知家人，由媽媽帶著來看診。

女生感染淋病會較男性還晚確診，原因是女生私密處本來就會有分泌物，有些女性誤以為白色分泌物是白帶，比較難在第一時間發現感染淋病。

如果是男生，平常尿道不會有分泌物，所以一旦發現有白色分泌物，會比較容易警覺異常而求診。淋病的治療方式是吃藥跟打針，且可以治癒。

皰疹

再來就是皰疹，皰疹是病毒性傳染病，感染後不一定會馬上發作，通常是免疫力低下時才會發作，症狀為產生一連串的小水泡，小水泡破掉後的黏液具有感染性，因此一旦接觸，感染範圍會愈來愈大，不僅於私密處，如果手碰觸到感染皰疹的私密處，沒洗乾淨再摸到嘴巴，嘴巴也會感染。

皰疹分為兩型，第一型是發生在肚臍以上的部位，嘴巴或嘴唇。第二型為肚臍以下，像是位於生殖器等私密處，治療方式可以採取口服藥或外用藥。

梅毒

大家都聽過腳上有「紅豆冰」，指的是被蚊子叮了好幾個包。但可有聽過手掌上也有紅豆冰？

曾有一位泌尿科醫師分享道，在診間遇到一位年輕男生跟他說，雞雞破皮兩三天了，還流了一些液體。脫下褲子一看，私密處已經有好幾個潰瘍傷口，壓半天都不會痛。

對方坦言曾有不安全性行為，進行性病篩檢後，回診看報告時，兩隻手掌上已出現紅色斑點。報告結果出爐，確診為「梅毒」。

梅毒是由梅毒螺旋菌感染，傳染方式包括透過性行為、共用針頭的血液傳染，以及母子垂直感染，也就是如果媽媽在懷孕初期感染梅毒，未接受適當治療，會經由胎盤傳染給小孩。

梅毒是全身性慢性傳染病，通常會在皮膚或黏膜破所處形成病

灶，很快傳播全身，甚至侵犯全身的器官及組織。但也可能完全沒有臨床症狀。

早期梅毒是指感染後的兩年內，傳染性較強，感染後會在接觸部位出現無痛性潰瘍與硬性下疳，傳染病極高，男性好發部位是陰莖的任何部位；女性則是在陰道，如果未接受治療，經過數週後，硬性下疳會自動癒合消失，但病情會愈來愈嚴重，出現全身性症狀，像是頭痛、倦怠、噁心、發燒、體重減輕，肌肉或關節痠痛等非特異性的症狀。

不過，接下來會出現皮疹，全身皮膚隆起紅豆般大小的疹子，全身性淋巴腺腫也是常見的症狀之一，沒有痛覺，常見於鼠蹊、頸部、疹部、腋部及上踝部的淋巴腫。

梅毒的治療方式並不困難，只要早期發現，早期治療，梅毒是有機會完全治癒的，感染期短於一年的患者，只要需要青黴素即可治癒，如對青黴素過敏的話，也可以使用四環黴素或其他抗生素治療，但如果是愈晚期才治療，需要的藥物劑量就會愈高，治療期間也會愈長。

愛滋病

數十年前，大家對愛滋病的認識不多，聽到愛滋病就避之唯恐不及，甚至認為是不治之症，**隨著公共衛生教育的推廣，以及醫療技術進步，如今愛滋病並非絕症**。

愛滋病是後天免疫缺乏症候群（Acquired Immunodeficiency

Syndrome, AIDS）的簡稱，主要是因為感染到人類免疫缺乏病毒（Human Immunodeficiency Virus, HIV），破壞人體原本的免疫系統，使身體抵抗力低下，當免疫系統遭到破壞後，讓原本不會造成生病的病菌，變得有機會感染人類，嚴重時會導致死亡。

愛滋病傳染途徑，包括性行為或性交，血液傳染或母子垂直感染，如果早期發現，配合醫師的藥物控制，定期回診抽血檢驗病毒量，是有機會終生都不會發病。

預防愛滋病的藥物可以分為事前（PrEP）或事後藥（PEP，事後預防性投藥）。

PrEP 是有效預防愛滋病毒感染的方式之一，如持續有愛滋感染的高風險行為，經檢驗確認未感染愛滋病毒，且醫師評估需進行預防性投藥者，可透過穩定持續服用藥物，讓體內具足夠的藥物濃度，有高達九成以上的保護力。符合一定條件者（例如伴侶是愛滋病患者、35 歲以下族群），可以公費申請事前藥預防感染愛滋。

在臨床上，醫師會遇到想進行不安全性行為的男性，緊急來診所拿藥，因為事前預防藥物必須在發生性行為前的 2 至 24 小時內服用，事後要再連續服用 2 天。

如果是無預期發生不安全性行為，未事先服藥，由於愛滋病是有一段空窗期，在這段期間，檢測不到病毒量。因此，在診間，也遇到有些人前一晚發生不安全性行為，擔心感染到愛滋病，隔天就馬上到診所拿事後藥，希望有效預防。事後藥是指發生性行為後的 72 小時內投藥，為自費藥物，一次療程為連續四週服藥。

身為泌尿科醫師，治療過無數的男女性傳染病患者，甚至還有重複感染的患者，這些經驗讓我深刻意識到，國人對性教育的理解與實踐，遠遠跟不上性觀念逐漸開放的現況。

現代人對性行為的態度已不若過去保守，進行高風險的性行為已成為普遍現象，有些人甚至參加東南亞某些國家的特殊節慶，常有一批人在出國前後前來診所，索取事前或事後預防藥物，以降低感染愛滋病的風險。

另外，也要提醒，這些性傳染疾病都是可以事先預防，那就是做好安全的性行為，像是戴上保險套，這才是避免性傳染病的根本之道。而在公共衛生的考量下，**國家政策已經提供國中以下男女生施打 HPV 公費疫苗，主要是預防子宮頸癌，同時預防菜花**。非常建議男生也可以施打 HVP 疫苗，避免感染菜花病毒。

Q42 一直有性幻想，是正常的嗎？

進入青春期後，腦中可能會開始浮現性幻想。其實，這是常見且正常的心理歷程，是內在欲望的自然延伸。只要不沉溺其中、不影響生活，並能清楚分辨想像與現實，就無需因此感到羞愧或不安。

為什麼我會想到色色的事？
正常生理機制，不會太頻繁就好。
有這樣的念頭，會不會有礙健康？
念頭沒有一直出現影響生活也無妨。
不想色色的事，我還能做什麼？
你不是喜歡游泳？做喜歡的運動。
可是念頭來的時候，很難不去想。
下回試試洗澡沖個涼，也很不錯。

你或許聽過這樣的廣告詞：「想像力是你的超能力」，也可能在勵志語錄看過這句名言：「人類因夢想而偉大」，那麼應該不難理解，這些「無中生有」的憑空想像，說到底，那不過是人類為了滿足內心渴望或追求目標，所採取的一種手段或途徑。歸根究柢，無非是一段心理活動的歷程。

一旦理解，這些都是正常的心理活動歷程，那麼性幻想也就不是什麼驚天動地的大事，當然沒有必要因此感到羞愧，甚至心生罪惡感，給自己憑添不必要的心理負擔與壓力。最重要的是，**你要用健康心態正視這件事，並且清楚的與日常生活做切割，絕對不要將兩者混為一談。**

性幻想的心理機制

進入青春期後，我們的身體逐漸發育而產生變化，心智也會慢慢變得更成熟。在告別童年，邁向「大人」的過程中，由於與性別相關的荷爾蒙與器官發育，因此對性的意識會逐漸發展，進而開始出現相關的性欲、性幻想與性衝動等。

就心理學的解釋，人類的想望源自內在的欲望，因為沒有獲得滿足，所以轉而發展成為心理活動的歷程。性幻想也是這樣的心理機制，由於內在對性的欲望，無法獲得百分百的滿足，因此在心裡勾勒各種想像，並且藉此獲得滿足。

根據統計結果顯示，多數成年人平均每天會有2至5次性幻想，當然這只是統計平均數字，不能代表每個人。青春期的孩子，可能會開始經歷「性幻想」的過程，因為過去不曾發生，或是鮮少有過類似的經驗，因而常常感覺困惑，甚至懷疑自己是不是精神出現異常。

想像是想像，別混淆現實與虛構

青春期正值身心發育與偶像崇拜的階段，因此性幻想中的對象，往往是自己心儀的人，可能是同性或異性，也可能是喜愛的歌手、演員等偶像明星，甚至是敬重的師長或長輩。

至於想像的內容，則有可能是對眼的瞬間、肢體碰觸的當下，或是某個體貼關懷的眼神，以及溫柔呵護的片刻等。由於內容源於杜撰與想像，角色設定往往脫離現實、觸及社會禁忌，再加上情節常帶有令人羞赧的成分，容易讓人產生心理負擔。

別擔心，這都是正常成長過程所必經的心路歷程。只要建立在「彼此尊重」的前提下，不會造成別人的困擾，也不影響自己的日常生活，並且不會沉溺其中造成上癮，同時認知這是「想像」與「現實」之間的差異，其實也就無傷大雅。

就人類生育繁衍子嗣的觀點來看，性幻想與性衝動常常互為因果關係，因為有幻想而刺激神經傳導，進而再將訊息傳遞到大腦產生衝動而作為。

總而言之，適度的性幻想可以紓解壓力與緊張，讓緊繃的神經暫時獲得放鬆。一旦調適好內在的心理狀態，也就可以重新再出發，專注於本份的課業與生活，並且鞭策自己再接再厲，繼續正向面對日常生活與人生挑戰。

Q43

我可以看 A 片嗎？

當孩子進入青春期，身體與心理逐漸成熟，對性的好奇也隨之增加。有些人認為看片可以幫助了解性，舒緩壓力；也有人擔心片中內容誇張失真，會誤導觀念。這樣的爭論，該怎麼看？

我可以看色色片嗎？
建議最好不要看。
可是同學都有看。
為什麼別人看就要跟著看？
這樣才能和他們一起討論。
你們也可以討論喜歡的自己喜歡的明星。

青春期的孩子在人際關係上的重心，不再僅限於家庭，更常轉向學校中的同儕圈。他們一方面渴望被理解、被接納，另一方面也希望融入團體，**在追求認同的同時，往往會擔心自己與他人不同，因而出現患得患失的情緒。**

女孩可能會因為「想變漂亮」的心情，而討論是否要除毛、好奇自己的乳暈大小是否正常、煩惱胸部是否太小需要隆乳，或是在是否交男朋友之間猶豫不決。

因為這樣的心理變化，孩子會產生「別人有的我也要有」的想法，覺得唯有和大家一樣，才能證明彼此是「同一國」，是好姊妹或好哥兒們。因此，擁有共同的「喜歡」與話題，便成了維繫關係的重要方式。

曾有男生問我可不可以看A片，背後原因竟然是因為「同學都有看」，所以自己好像也要看，在一起時才有共同討論話題。這樣的理由套用在這個年齡孩子身上或許合理，**然而A片影響層面大，必須考慮更多，避免造成不必要的反效果。**

男女大腦不同，對性刺激的反應也不同

關於「青春期可否看A片」這個議題，社會上有支持與反對的聲音。若從人類大腦的結構差異來看，男生的思維相對直接、行動衝動，具備較強的執行力，情緒容易受外界刺激影響；而女生則傾向間接、謹慎，思考較為全面，常會三思而後行。在面對同樣的情境時，男生可能會立刻做出反應，而女生則更在意人際關係與他人

眼光，也更需要情感上的關注與理解。

主要是因為男女先天存在這樣的腦部生理構造差異，所以反對者不贊成青春期階段的孩子看 A 片，認為在這個年紀並不適合，當然也就不建議看。

他們比喻性衝動是兩面刃，雖然正面意義可以抒發壓力，但是如果不當或過度，也可能導致性成癮，嚴重甚至需要藥物控制荷爾蒙。**既然性衝動是正常的生理反應，就應該循著正確管道抒發，而不是透過看 A 片的方式來解決。**

誇張劇情背後的錯誤示範

對於「A 片是第一次性行為指南」的說法，許多反對者持強烈否定態度。

因為 A 片的劇情多半誇張離奇，與現實生活相去甚遠，無論在兩性互動還是性教育層面，不僅缺乏正面意義，反而容易誤導觀念，甚至成為錯誤的行為範本。從教育角度來看，性教育本就應由學校負責正規引導，而不是讓 A 片扮演這個本不該承擔的角色。

社群媒體興起後，縮短人與人之間的距離，讓資訊傳播更方便即時，但是涵蓋內容包羅萬象，一旦防火牆漏洞或遭破解，輕而易舉就能找到情色資訊，幾乎防不勝防。反對者主張「社群淨化」，從社群媒體與手機通訊設備著手，避免孩子觀看，同時合作相同理念的家長，切斷環境與同儕的連結，做到「大家都沒有」的環境平等，直到心智成熟後再做評估。

正視性衝動，才能健康應對

贊成者同意「青春期可以看 A 片」的理由，是聚焦「如何解決問題」，探討發生性衝動時如何「滅火」。他們認為由於事發時間與地點因人而異，因此贊成透過自慰行為、看 A 片等方法適度發洩，但前提要建立正確觀念，明白影片的內容情節並非真實。**建議至少 18 歲以上再觀看，並且要根據影片分級適當篩選，同時避免性成癮。**

如果性衝動當下環境不宜，建議轉移注意力，透過跑步、打球、游泳等方式，專注在自己喜歡的運動，讓過多精力獲得宣洩與排解。針對坊間流傳「清槍能提升男性健康」的說法，西醫並沒有這方面的主張或建議。西醫認為，精子製造後如果沒有被使用，就只是蛋白質直接被身體回收而已，不會影響健康或造成其他問題。

無論反對或贊成，都建議用正向而且健康的態度，來面對性衝動的身體反應。重要的是在正確觀念的前提下，尊重自己，也尊重別人。

Q44 和喜歡的人相處時勃起，該怎麼辦？

和喜歡的人親密互動時，身體自然會出現反應，這並不表示你做錯了什麼，而是生理與情感交織下的自然結果。了解這背後的機制，有助於你更坦然面對身體的變化，並建立健康的關係觀念。

我女朋友罵我！
為什麼？吵架嗎？
我和她搭車時，竟然下面有反應。
正常生理反應，不妨害對方就行。
可是她說好噁心，還罵我是變態！
這樣吧！下次門診你帶她一起來好了。

青春期時期正值成長發育階段，生理與心理同時發生劇烈變化，在性荷爾蒙的刺激下，相對容易衝動而表現出身體反應。喜歡的對象當前，加上眉目傳情與肢體碰觸等各種「助燃」，容易因此產生性衝動，並且出現生理反應。

陰莖勃起，是性衝動的正常表現

男生的性衝動，最明顯的反應是陰莖勃起。由於神經與血管的生理作用機制，副交感神經引發陰莖血管舒張，致使海綿體充血膨脹，發生一連串變化。主要原因可能源自外在環境所造成的感官刺激，因而引發性吸引與性刺激，也可能來自身體內在的反應，導致自發性的反射動作與心理作用。

性衝動是正常的生物反應機制，因為和自己的女朋友或喜歡的另一半相處，而出現陰莖勃起的現象。鄉民論壇曾被網友熱烈討論，就算身旁的她不是第一任女朋友，也不管兩人是否剛交往，或是已經交往好幾個月、半年，甚至更久，如果持續發生勃起，是不是代表身體有問題，需要看醫師。

勃起，不一定是在想色色的事

說到底最主要的原因就是「喜歡」，所以再見欣喜、久處不膩，甚至整天在一起也不嫌煩。因為相處機會多了，免不了摟摟抱抱、親親我我，一旦氛圍對了、感覺來了，自然而然身體就會誠實的表現出反應，讓你更確定、更明白自己的感受，同時也讓對方知道：「我是真的很喜歡你。」

許多女生看見另一半陰莖勃起，就會直覺的與「情色」做聯想，頻頻質問對方是不是又在「色色的事」。其實並不完全正確，但也不見得「冤枉」對方，因為日常生活裡除了性衝動會引發陰莖勃起，也可能因為性興奮（例如觀看 A 片、聽到 A 片裡的聲音、聞到迷情的香水味、接觸所感受的細緻膚觸等），或是睡眠姿勢與寢具摩擦等因素所導致。

一旦如果發生性行為，謹記安全與衛生

只要不會一直想、不會頻繁出現性衝動，理當不會對生活造成困擾，也就毋須進一步就醫。其實，這個年紀的小情侶相處，還有許多事情可以做，可以一起聆聽喜歡的音樂、觀賞愛看的電影，甚至是互相切磋學業，訂定共同的目標，彼此砥礪考上理想的學校等。這麼一來，**轉移了注意力，也就不會過度聚焦在「性」這件事，因而造成尷尬，或是徒增自己的煩惱。**

隨著社會愈趨多元、開放，發生第一次性行為年齡有逐漸降低趨勢。一旦發生性行為，要留意保護自己與對方。「安全」與「衛生」是必須遵守的兩大原則。事前做好身體與手部清潔，可以降低發生感染的機率。女生在生理期容易發生感染，最好避免性行為。同時提醒，不建議使用器具，如果真的想嘗試，也要在安全前提下，選擇正確而且適當的物品，並且注意不放進不適當的地方。

Q45

射得太快就是早洩嗎？

許多男性一射得快就懷疑自己早洩，但其實早洩有明確的診斷標準，並不是時間短就算。釐清成因、認識生理與心理影響，才能正確面對，不讓焦慮成為不必要的負擔。

鳥醫師，我好像有點早洩……
那你從插入開始到出來平均大概多久？
沒有。
沒有？是沒有印象嗎？
早洩
我沒有插入啊！
……
沒有插入那你怎麼知道自己早洩？
我自己打手槍的時候很快就射出來了，大概兩分鐘就忍不住了……

在開始聊這個主題之前，先來科普一個有趣的現象。在自然界中，許多動物在交配時同時面臨潛在的威脅與風險，為了提高生存與繁殖效率，牠們往往會快速射精，也就是所謂的「早洩」。這樣一來，交配次數增加，反而更有機會將基因順利傳承下去。

所以，人類會早洩也是正常現象。只是隨著演化下來，人類在自然界沒有天敵了，發生性行為不僅是傳宗交代，更是要享受歡愉的過程，所以人類在性交時反而希望可以「持久」。

許多男性會注意自己在床上可不可以「天長地久」，所以有點不順就會覺得自己是否「早洩」。事實上，很多人都不是醫學上真正有早洩的問題，也不一定都需要靠藥物來進行治療。

根據調查，台灣將近有 20% ～ 30%的男性有早洩困擾，尤其是 20、30 歲的年輕男生，比起 50、60 歲的中壯年患者，更有早洩發生的比例。

不是射得快就是早洩

早洩有明確的診斷標準，不是射得快就算病症。若一味自我貼標籤，反而可能增加不必要的焦慮。以下提供簡易的自我檢測與治療方向，協助你釐清現況，並認識背後的生理與心理成因。

1. **性行為時，從插入陰道到射精的時間少於 1 分鐘：**醫學上對於早洩的定義是，性行為時，在插入陰道前後，無法控制射精致使性交時間低於期望，且導致患者或伴侶心理或情緒上的壓力。

首先，定義早洩有一個大前提，就是要有「插入」的行為或意圖，當然不一定會成功，所以像是我在診間遇到的病人只是自慰，沒有插入的動作，所以根本不算早洩。

2. **射精過程無法自主控制：**如果有人在進行性行為時，趕時間想要趕快交差了事，故意很快射出來，這也不算是早洩。

重點在於「自己能不能控制」，然後要「低於期望」而且「導致壓力」。

也就是說，如果患者本人或是伴侶其實也不是這麼在乎持久度，不會因此影響兩人的關係，就不需要治療了

3. **因射精過快而感到心理焦慮或壓力：**發生早洩的成因很多，包括情緒心理，像是容易緊張或壓力大，另外是跟大腦神經調控有關，而這個神經跟調控憂鬱的荷爾蒙一樣，也就是大家常聽到的「血清素」，治療方式就是服用增加「選擇性血清素回收抑制劑的藥物」(SSRI)，像是抗焦慮或抗憂鬱的藥物。

這個藥物主要功用是增加腦中的血清素濃度來抑制射精的速度，服用此藥物後，研究證實可以延長 3 至 5 倍的射精時間。通常建議在性行為前的 1 小時服用，可達血中最高濃度，同時配合喝大量的水。值得注意的是，這個藥物會有頭痛、噁心、頭暈的副作用。

4. **龜頭過度敏感：**建議治療方式是使用保險套，或性行為之前，使用有麻藥功能的噴劑，噴在龜頭上。

總之，別急著把自己貼上「快槍俠」的標籤。如果射精過快的情況已經影響到你的生活或伴侶關係，建議儘早尋求專業醫師的協助，找出適合的治療方式。

Q46

聽說「放進去一下下」不會懷孕，真的嗎？

網路上常見「放進去一下不會懷孕」或「體外射精很安全」的說法，其實並不可靠。懷孕的關鍵不只是射精，而是精子、位置與液體介質三者是否同時存在。了解原理，才能真正避險。

怎麼辦？我女朋友好像懷孕了……
生理期遲到了嗎？
弱弱的問一下……體外射精會懷孕嗎？
當然會啊！
我怎麼聽說體外射精不會讓女生懷孕？
你是聽誰說的？
在網路上……有人說的。
唉，這年頭，大家都只聽「網路說」，不聽醫師說……

人間事，沒有一萬，只有萬一。年輕人，如果不想太早當爸媽，有些事情一定要聽專家說，而不是聽網路說。

曾經有網路爆紅歌曲，在歌詞中提到「可不可以放進去一下下就好」，答案是：不可以。理由是因為，**如果會懷孕，那怕只有一隻精蟲也會懷孕，因此無論是放進去一下下，或是在體外摩擦（臨床上曾有人因此懷孕，但屬於極罕見情況），都會讓精蟲有機可趁，而讓女生懷孕。**

從男生的角度來看，「懷孕」這件事成立的三個關鍵條件缺一不可：首先，需要有精子；其次，精子必須進入正確的位置——陰道；最後，還需要具備液體介質，讓精子能順利游向卵子。只有同時具備這三個條件，懷孕才有可能發生。

保險套是最常見且高效的避孕方式之一

男生目前並沒有口服避孕藥，加上精子是一生都在製造，所以除了結紮之外，最有效的避孕方式，就是「戴保險套」，有九成以上可以達到避孕的效果，其他的方式，像是體外射精就不是很靠譜。

市面上的保險套種類繁多，選購時應特別留意外包裝上的標示，確認是否印有衛生福利部核發的許可證字號，例如「衛部（署）醫器輸字第XXXXXX號」或「衛部（署）醫器製字第XXXXXX號」，這才是合法且合格的醫療器材。在此基礎下，其餘像是尺寸、厚薄度、材質、潤滑劑等，就可依個人需求與偏好進行挑選。

大多數保險套主要使用乳膠或PVC等材質製成，若本身對乳膠過敏（如出現紅腫、搔癢等症狀），則建議改選其他非乳膠材質的產品，以降低不適風險。

另一方面，男生的精子在產生後，會暫時儲存在副睪，射精時經由輸精管送至前列腺，同時儲精囊與尿道球腺也會分泌液體，與精子混合形成精液一同射出。這些體液中可能含有殘留精子，即使未達完全射精，仍有懷孕的可能性。因此，任何未使用保險套的性行為，都不能完全排除懷孕風險。

保險套不是萬無一失

戴保險套的成功率雖然有九成之高，但還是不到百分之百，有以下幾個因素：

- 使用方式不正確，沒有從頭套到底；保險套的空氣囊沒有捏掉，使用期間破掉。
- 尺寸不對。如果太大，可能滑脫或套口外露；太小，就會造成不適或破裂。
- 有的人以為戴兩層保險套可以多一層防護，其實會因為兩個保險套之間的相互摩擦，反而特別容易破掉。

至於體外射精為何不靠譜呢？原因在於**射精之前，陰莖還是會流出一些分泌物，這些分泌物有可能是精子**，如果這些精子跑得快，生命力旺盛的話，勇往直前，可能就會「鬧出人命了」！

在此也要提醒，務必重視性行為的安全與健康，避免因追求刺激、迎合潮流，或模仿某些國家的特殊文化，而進行傷害身體的行為，例如在包皮下植入異物，或在尿道口穿洞、戴環等。這類行為不僅存在安全、清潔與衛生上的風險，一旦日後反悔想修復，手術難度也相對高，務必三思而後行。

Q47 女生該怎麼避孕？

網路上避孕偏方滿天飛，從安全期計算到神奇食物都有。很多人不想問大人，也不敢去醫院，只能上網找答案，但這些做法真的靠得住嗎？先搞清楚基本原理再說。

我的生理期很規律，同學說避孕可以用安全期算？
沒有喔，安全期是最不保險的避孕方式。
怎麼辦？我跟男友做完才不久……
那可能要吃事後藥了。
現在吃來得及嗎？
要性行為後的 24 小時內吃才有效。
……
24H

現在的年輕人性觀念相對開放，但實際上性知識普遍不足，尤其許多資訊來源都是網路，而網路上的避孕知識往往真偽難辨，充斥著似是而非的錯誤觀念。

最常見的錯誤觀念之一，就是用生理期來推算所謂的「安全期」，也就是「前5後7」的說法——指生理期開始前五天和結束後七天被視為不易受孕的時段。然而，無論經期是否規律，事實上都沒有真正可靠的「安全期」可作為避孕依據。

王醫師要再次強調，**所謂生理期的「前5後7」是安全期的說法——沒有這種事！沒有這種事！沒有這種事！因為很重要，所以要再三強調**。

精子的力量是很強大的，可以在體外多存活三天，遇到卵子的機率非常高！所以不要盡信用安全期來避孕。女孩們千萬不要抱著僥倖的心態，如果已經發生性行為，沒事先做好避孕措施，一定要在24小時內吃事後藥。

認識常見的女性避孕方式

現在就來了解，女性可以選擇哪些避孕方式：

1. 口服與注射類避孕方式

- **避孕藥**：避孕藥是一種口服藥物，包含雌激素和黃體素，可以抑制排卵、變薄子宮內膜，和增加子宮頸黏液的黏稠度，從而降低懷孕的風險。避孕藥有多種不同型號，使用時需要醫師處方，並需要按照指示準確服用。

- **避孕針：**這是一種含有黃體素的注射劑，通常每個月或每三個月注射一次，可以有效防止懷孕。
- **避孕貼片：**避孕貼片是含有黃體素的膠布，貼在皮膚上，每週更換一次。它通常貼附在臀部、腹部、上臂等地方。

2. 子宮內裝置類

- **子宮環：**這是一種環型裝置，放置在子宮內，可以有效防止受孕；子宮環有多種類型，需由專業醫師評估並施作。
- **子宮內避孕器：**子宮內避孕器是一種 T 型裝置，放置在子宮內，可以有效避孕，包含兩種類型，一種含有黃體素，另一種則不含黃體素。

3. 物理屏障類

- **避孕隔膜：**避孕隔膜是一種薄膜或膜片，覆蓋在子宮頸上，以防止精子進入子宮，它需要在每次性行為前放置，放置前需要塗抹避孕膏。
- **女性保險套：**女性保險套是一種套子，原理跟男性保險套一樣，但它是放在陰道並覆蓋部分外陰部，以防止精子進入子宮，不需要醫師處方即可購買。

避免不可靠的避孕偏方

除了計算安全期，坊間還流傳不少避孕偏方，以下幾種常見做法，都缺乏科學根據，不僅無效，還可能傷害身體：

- 將薄荷油、檸檬汁等液體塗抹到陰道內或陰莖上來避孕，這是不安全的，並且可能引起刺激或感染。

- 有人傳言某些食物或草藥可以作為避孕方法，但這些說法缺乏科學證據，且不可靠。
- 運用特定的性體位或時機來避孕，這種方法的效果不確定，並且無法提供可靠的保護。
- 透過記錄基礎體溫的方式來預測排卵期，以避免性行為。這種方法難以預測，並且容易出錯。

許多避孕偏方不僅無效，還可能帶來感染或其他身體傷害。然而，真正令人擔憂的，是當孩子一方面對性產生好奇並進行探索，另一方面卻缺乏正確資訊與安全意識時，往往會選擇錯誤的方式來處理。

由於現今國中生發生性行為的情況愈來愈普遍，甚至出現懷孕與墮胎的案例，當家長或老師無法全面阻止國高中階段的性行為時，更應該務實面對，主動教導孩子正確的避孕方式與性知識。

若讓他們只能依賴網路訊息、聽信偏方，不僅無法達到避孕效果，反而可能造成身體傷害與心理負擔。教育的責任，不該是沉默與忽視，而是及時給予科學且安全的選擇。

Q48 如果真的發生性侵害，該怎麼辦？

不幸的是，性侵害可能發生在任何年齡、性別，甚至任何時間與場域。這不只是求助的開始，更是一場需要冷靜應對、科學處理與制度支持的關鍵行動，善用醫療與司法制度的支持，才能有效保護自己。

這孩子被欺負了！請王醫師幫幫忙。
發生什麼事了？願意告訴我嗎？
我……剛剛被強暴了！
妳冷靜聽我說，我先為妳做採檢跟預防性投藥。
好恐怖！我好害怕！
妳放心！我們都會陪著妳，採檢後再到警局報案。

當我們談論性侵害時，無論性別或年齡，總讓人感到沉重與不安。但現實是，**性侵事件可能發生在任何時間、任何場所，即使已經做好許多預防措施，仍難以完全避免風險**。因此，了解萬一不幸遭遇性侵害時，應該如何保護自己、保存證據，是每個人都需要具備的基本知識。

萬一真的遭遇性侵害，不要慌張，要盡量保護自己身體的主要部位，例如頭部、臉部、頸部、胸部與腹部。記住加害人的外貌特徵、口音或身上氣味，並盡可能維持現場原狀，避免碰觸或移動現場物品。**同時切記不要立刻洗澡、沖洗性器官或更換衣物**，以利後續進行加害人體液、毛髮等證據的採集。這些行動，將有助於保護自己的權益，也為司法調查提供關鍵依據。

在 24 小時內到醫院掛急診檢傷分類，通知社工或值班護理人員協助說明診療蒐證驗傷程序，並請被害人填寫性侵害案件驗證同意書。或者也可以選擇馬上報警，由警察戒護送醫。

採檢到報案的過程

王醫師分享，在臨床實際執行上，當受害者就醫時，過程中第一步是進行驗尿，並視情況開立緊急避孕藥給受害者服用。同時，醫護人員也必須清楚說明整個採檢流程，包含檢查項目、目的與後續安排。若未充分告知，受害者在不明就裡的情況下進行檢查，反而可能引發心理上的不安與恐懼，造成二度傷害。**採檢不只是醫療行為，更是一種對被害者身心狀態的照顧與尊重**。

檢查流程通常會從全身性檢查開始，醫護人員會請受害者更換檢查衣物，並仔細檢視身體各處是否有抓痕、咬痕、瘀傷或疑似吻痕等痕跡。接下來會進一步檢查生殖部位，包括陰道與處女膜，評估是否有受傷情形。當日穿著的衣物也須完整保留，作為後續可能需呈堂的證物之一。

完成初步醫療採證後，案件會進入司法程序。受害者須前往警察機關報案、做筆錄，並配合驗傷單書寫及相關拍照紀錄。這些程序雖然繁瑣，但對後續追訴與自我保護至關重要。

除了到一般醫院掛急診，國內有性侵害指定專責醫院，提供一站式的檢查，這些醫療院所會將受害者當作急診檢傷分類第一級的病人，優先處理，並在當事人的同意下，直接將蒐集到的證物送至內政部警政署刑事警察局鑑驗，流程比較順暢，也會比較快。

男性受害者更加孤立

衛福部的資料顯示，性侵害被害人中有65%是兒少，因為兒少較成年人弱勢，兒少被害人中每4位有一位是男性，但不幸被性侵後，男生的求助比例低，主要的原因是，加害者往往是熟識的人，以及社會責難受害者的迷思、說出來沒有人相信，以及忽略了男性也可能被性侵等因素。國內近來發生國小男童被女老師性侵多次，甚至產子的重大社會新聞案件，舉國震驚。

成年男性也會是性侵受害者，多數礙於社會輿論的壓力或同儕眼光，可能也會選擇隱匿。有位男性患者來看性傳染病，一問之下才知道，這位男性患者是在 Pub 喝完酒後，被同性「撿屍」，遭遇性侵並不幸感染性病。所幸，這位患者並未因加害者是同性而自我否定，也沒有因性別刻板印象而選擇隱忍，而是勇敢報案，訴諸公權力。

另外，即使是雙方你情我願，只要其中一方未滿 16 歲，依照法律仍屬於性侵害。若遇到這種情況，務必盡快告知家長或可信任的大人，尋求協助與保護。

當身邊有人遭遇性侵害，最重要的不是質疑或責難對方，而是給予陪伴與支持。如有需要，應鼓勵被害人尋求專業支援，例如心理醫師或諮商心理師的協助，幫助他們走過創傷、重建安全感與自我價值。尊重與理解，是對被害者最基本的支持。

Q49

墮胎是壞事嗎？

不是每個新生命的誕生，都是在祝福中來到人世。當現實不允許孕育一個孩子，我們是否有勇氣面對「讓他離開」的選擇？墮胎不只是醫療決定，更牽動法律、倫理與心理層面的深層辯證。

墮胎可以吃藥就好，不動手術嗎？
目前妹妹懷孕 6 週，我也建議吃藥就好。
我擔心吃藥會排不乾淨。
傷腦筋～
嗯……
確實，也有人三個月還沒排乾淨的，但是比例不高。
那……手術好了！一勞永逸，省得麻煩。
等等，想清楚喔！手術有風險，可能影響未來受孕，想要手術得要跟醫師好好討論。

新生命的來到，往往讓人感覺溫馨與美好。然而，不是每個孩子都是在期待與祝福中來到世界，如果天時、地利、人和不對，或許讓他離開也是一種選擇。醫師長年在婦產科現場，我們看過太多不同情況，在聽到醫師證實懷孕的那一刻，有人滿心歡喜與感恩，也有人驚嚇得不知所措。

社會風氣日漸開放，第一次性行為的年齡逐漸下降，青少年未婚懷孕問題備受關注。雖然年齡並不是評斷是否能成為好父母的唯一標準，但是青春期孩子正處在人生階段轉換的關鍵期，本身就要面對生長發育帶來的身體變化，加上心智尚未成熟，懷孕恐怕要承受更多壓力，面對社會、學校、家庭各方面的問題。

正視月經延遲問題

首先必須要有的觀念是，**進入青春期開始有生理期後，只要發生性行為，就有懷孕的可能**。因此平時要養成習慣，逐月記錄自己的生理週期，一旦發現月經延遲了，就要趕緊驗孕，確定是否懷孕。即使驗孕結果陰性沒有懷孕，建議最好也要就醫做檢查，確認月經延遲原因。

站在醫師立場，我不贊成墮胎。然而如果確定懷孕，也將所有可能、應該考慮的事都想清楚，一旦決定墮胎就事不宜遲，必須趕緊處理。當察覺月經延遲，往往生理期已經晚了 1 週至 2 週，而當驗孕結果呈陽性反應時，大都也是懷孕 6 至 7 週不等。如果不正視問題，繼續拖延只會讓問題更棘手難處理。

中止懷孕的醫療選項

墮胎有兩種選擇：服藥與手術。墮胎手術必須自費，健保沒有給付，於是部分醫師利益當前，可能建議患者手術處理。然而只要懷孕週數還小，通常我都會建議青少年服藥處理。許多人因為擔心被熟人看到，而選擇「跨區墮胎」，甚至私下請密醫處理，不但風險極高，而且收費不低。其實只要選擇正規合法的婦產科診所，醫師都會在審慎評估後，幫忙做最適當處理。

手術做法是配合「吸」與「刮」方式做處理，但現實環境已經存在個人差異，加上著床在子宮壁的胚胎又黏得緊，無論施作力道或處理深淺，都不易掌控。至於服藥，通常服藥後的第三天會開始流血，情況類似月經，只是血量較多，更具體形容大概就是「比較厲害的月經」。多數情況會伴隨下腹部絞痛，建議請醫師處方合適口服止痛藥緩解。

墮胎手術容易造成子宮受傷

墮胎手術因為有一個刮除的動作，不管是用吸的或是用刮的，基本上都是用刮的，只是說法不同而已，一旦刮的太徹底，往往術後造成子宮壁沾黏，部分醫師進行手術的時候，如果不想日後被抱怨「處理得不乾淨」或「處理得不徹底」，常常在面對患者提出「處理乾淨」要求時，寧可選擇「刮深不刮淺」，因而對子宮造成更嚴重傷害。這個問題無關對與錯，只是每個人期待結果不同，又或者只是想解決眼下問題罷了。

考量身體機能與日後受孕等因素，我反對墮胎手術，最主要原因是會破壞子宮壁，降低未來受孕的機會。確實，服藥的成效遠遠不及手術來得快而且「確實」，門診甚至有個案長達三個月還沒「流乾淨」，只能透過一次又一次的驗孕做確認。無論如何，一旦墮胎了，日後就要更懂得保護身體，並且尋求更適合自己的避孕方式，避免重蹈覆轍再發生。

用正確的態度對待生命

懷孕第 6 週時，已經出現心跳，進入第 8 週後，已經可以看出「人形」。雖然法律規範懷孕 24 週以下墮胎合法，但這個時候的胎兒幾乎具備人的全貌，出生後可能還會哇哇叫兩聲，然後動一下再死去，真的於心不忍，而且怵目驚心。

除非符合法律所規範的特殊情形，例如罹患遺傳性、傳染性或精神性疾病，懷孕或分娩可能危及母體生命、造成身心健康重大影響，胎兒經醫學判定有重大畸形，或懷孕是因性侵害、誘姦、近親結婚等情況所致，否則請務必審慎評估，謹慎做出決定。

合法墮胎前提下，女生有權利自己決定要不要墮胎。但如果已婚，就必須經過配偶同意。對於 18 歲以下未成年的懷孕青少女，也需要經過法定代理人或輔助人的同意。法律的主要用意是保障人權，然而更重要的是，學習用正確的態度對待生命，做任何決定前，務必都要想清楚。

Q50

我能不能結紮？

結紮作為終極避孕手段，如今出現在國高中生的抉擇清單上。當「不想要小孩」的念頭，提前出現在青春期，這個選項還適合嗎？從醫療原理到法律條件，每一步都該先想清楚。

我想結紮，以後不想生小孩。
要想清楚喔！而且現在的你還不能做決定。
身體是我的，為什麼不能自己做決定？
你現在未成年，必須父母同意。
意思是等我滿 18 歲就可以了？
不。婚後要配偶同意，婚前得證明有危害優生遺傳疾病才行。

「結紮」這兩個字，許多人乍聽之下可能直覺是成年人的「專利」，不明白為何要特地規劃章節，收錄在這本書裡。然而現實情況可能顛覆你我的想像，這非但不再只是成年人要思考的議題，甚至門診的個案年齡有下降趨勢，未來也許青春期甚至更小的孩子，都有可能面臨這件事的抉擇。

門診曾經有國中生要求做結紮手術，理由竟然是不想要有小孩。過去也曾經有高中生想結紮的理由，是因為已經有性行為，為了方便不想戴保險套，同時也未雨綢繆想預防懷孕，因而想出結紮方法「省麻煩」。無獨有偶，國外也曾發生家長帶孩子就醫結紮，杜絕偷嚐禁果隨時可能懷孕的問題。沒想到時代演進的結果，竟然小小年紀出現「不要有小孩」的理由。其實，這些我們都不鼓勵。

男性結紮手術

結紮通常不是出於一時衝動，而是在不得已的情況下，或對生育規劃有極明確想法時，才會考慮這項選擇。無論是男性或女性，都可以透過手術達到長期甚至永久避孕的效果。

正常情況下，睪丸製造好的精子會先送到副睪儲存，當發生性行為時，再藉由射精動作，混合精液後由輸精管送往陰莖的尿道口排出。**目前男生結紮手術是「輸精管結紮術」，利用截斷輸精管後綁緊的方式，來阻斷精子的運輸途徑，藉此達到避孕目的。**

因為是透過人為的方式，在運輸途中製造「道路中斷」的效果，所以不會影響睪丸既有的功能，因此結紮後睪丸仍然可以正常分泌荷爾蒙，也可以正常製造精子。不過這些製造好的精子，因為早在半路就被攔截了，所以即便射精時會正常排出精液，但精液裡的成分已經沒有精子。

手術後的避孕效果，幾乎是終生保證。如果有朝一日後悔，也可以再動手術，將截斷的兩端對接做修復，恢復生育功能。然而，**畢竟輸精管曾經被「破壞」，因此術後的受孕機率肯定會降低，估計成功率大約只剩八成**。其實，如果未來還是有可能「想再接回來」，也就沒必要挨這一刀了。

女生結紮手術

正常情況下，性行為時精子會從陰道進入子宮後來到輸卵管，在這裡與卵巢排出的卵相遇、受精，之後受精卵再沿輸卵管進入子宮，開始孕育生命的歷程。因此女生的結紮手術，主要是透過剪斷與綁住等方式紮斷輸卵管，形同破壞牛郎與織女相遇的鵲橋，讓精子與卵沒有機會相遇結合，因而達到避孕目的。

此外，也可以選擇在子宮內裝置避孕器，利用製造子宮輕微發炎「效果」，干擾受精卵著床。目前許多避孕器上都有設計帶藥，相輔相成更能提高避孕的成功率。裝置避孕器後，要定期回診追蹤並且做更換，避免發生子宮壁沾黏情形。

在合法前提下，審慎評估再做決定

在台灣，結紮手術必須同時符合《民法》與《優生保健法》等法律規範，才可以請合格醫師幫忙施做。首先根據《民法》規定，必須是年滿18歲以上的成年人。如果是未婚的未成年者、受監護宣告者、輔助宣告者，則需要經過法定代理人或輔助人的同意。

如果已經成年但未婚者，則需要經醫師診斷證明患有礙優生之遺傳性、傳染性疾病或精神疾病，已婚者則必須事先徵得配偶同意，才可以結紮。結紮非兒戲，通常醫師都會建議患者想清楚、審慎評估之後再做決定。雖然結紮後可以「後悔」，再透過手術回復生育功能，然而任何手術都有風險，都可能對身體造成影響，必須謹慎處理。

附錄

我想變性，可以嗎？

門診曾經有家長問王醫師：「我小孩想變性，可以嗎？」我也遇過國中生來求診，開門見山就問：「我想變性，可以嗎？」如果不考慮其他因素，純粹只就目前的醫學技術來回答，答案絕對是肯定的。透過施打雌激素、雄性激素等荷爾蒙方法，可以幫助男變女、女變男，強化細緻皮膚、體格強壯等生理特徵。

改變性別前，必須請精神科醫師評估性別傾向，並且確定自己真的心智成熟，再做變性決定。畢竟這是人生大事，一定要謹慎評估再做決定，並且事後不會遺憾或後悔。考量改變性別必須施打荷爾蒙，站在醫師的專業立場，通常我們會建議，等待青春期過後發育完成再進行。

人生是一連串的過程，沒有「好」或「不好」，一切都是自己的選擇罷了。事前想清楚絕對是必要的，一旦做出決定，就要對自己負責，並且不要後悔。

這是一種「人的樣子」

由世界各國的專業醫學組織，所共同組成的世界醫學協會（The world medical sssociation, WMA），曾經針對少數性別族群的議題，公開表態過組織的立場。他們認為，這既不是疾病，也不是選擇，而是正常的生理變異，不需要矯正或治療。類似台語俗諺「一樣米飼百樣人」的道理，就像世界上有白人、黑人與黃種人等不同人種，少數性別族群就是某一種「人的樣子」。

目前台灣社會普遍以「同志」一詞泛指性別與性傾向少數族群。然而，隨著性別意識的提升，愈來愈多人使用更完整的稱呼「LGBTQIA+」，以涵蓋更多樣的群體，包括女同性戀者（Lesbian）、男同性戀者（Gay）、雙性戀者（Bisexual）、跨性別者（Transgender）、酷兒或性別探索者（Queer / Questioning）、雙性人（Intersex）、無性戀或無性別者（Asexuality），以及未來還有更多可能性（+）。這些族群共同代表了性別與性傾向的多元性。

人與人的相處，最重要的是「尊重」

少數性別族群一直都存在，只是過去社會風氣相對保守，很多人、事、物可能不被正視，大家因此避而不談，加上當事人可能擔心社會壓力，也不願被公開討論。隨著時代向前推進，社會也更趨多元、開放和包容，漸漸的有更多人對這些議題發聲或倡議，讓大家有機會再多認識他們，並且學習接納與包容。

少數性別族群一定希望找到相同性別取向的「同類」，幫助彼此更理解自己的特質與狀態。更何況如果正值青春期，同儕是人際關係重點，肯定需要更多理解與認同感。人與人的相處，最重要的是「尊重」，因此毋須刻意，照自己平常待人接物的方式相處即可。

如果自己不希望被投以異樣眼光，也不願被人在背後評頭論足，那麼應該要有正確態度，不帶既有刻板印象或先入為主歧見去定義別人，甚至訕笑、謾罵或霸凌。更不可以帶著有色眼鏡對別人亂貼標籤，誤解同志私生活亂，或是容易得性傳染病等。

MEMO

親子田 親子田系列 066

【漫畫圖解】50個不怕錯的性教育必修題

婦產科×泌尿科醫師聯手，陪你一起安心解答青春期的性疑問

作　　　　者　王呈瑋、顧芳瑜
文 字 協 力　陳惠君、王淑儀
繪　　　　者　郭侑菱
封 面 設 計　FE設計
內 頁 設 計　連紫吟、曹任華
責 任 編 輯　蔡川惠
出版二部總編輯　林俊安

出　版　者　采實文化事業股份有限公司
執 行 副 總　張純鐘
業 務 發 行　張世明、林踏欣、林坤蓉、王貞玉
國 際 版 權　劉靜茹
印 務 採 購　曾玉霞、莊玉鳳
會 計 行 政　李韶婉、許俽瑀、張婕莛
法 律 顧 問　第一國際法律事務所　余淑杏律師
電 子 信 箱　acme@acmebook.com.tw
采 實 官 網　www.acmebook.com.tw
采 實 臉 書　www.facebook.com/acmebook01

I S B N　978-626-431-034-5
定　　　價　460元
初 版 一 刷　2025 年 7 月
劃 撥 帳 號　50148859
劃 撥 戶 名　采實文化事業股份有限公司
104台北市中山區南京東路二段95號9樓
電話：(02)2511-9798
傳真：(02)2571-3298

國家圖書館出版品預行編目資料

【漫畫圖解】50 個不怕錯的性教育必修題：婦產科 × 泌尿科醫師聯手，陪你一起安心解答青春期的性疑問 / 王呈瑋，顧芳瑜作 . -- 初版 . -- 台北市：采實文化事業股份有限公司，2025.07
240 面；17×23 公分 . -- (親子田系列；66)
ISBN 978-626-431-034-5 (平裝)

1.CST: 性教育 2.CST: 性知識 3.CST: 青春期

544.72　　114007016

采實出版集團 ACME PUBLISHING GROUP